［めざせ！仕事のプロ］

こんな社員になりなさい！

染谷《Someya》和巳《Kazumi》

C&R研究所

本書は、「会社の法則シリーズ　仕事のプロになるための成功法則99」（2006年、小社刊）の原稿をもとに、著者による新規項目の加筆や修正を加えた内容になっています。なお、本文中の登場人物名や団体名は、一部、仮名としましたのでご了承ください。

はじめに

もう五十年前になります。私は学校を出て小さい雑誌社に入社しました。その会社に四十代で独身の先輩社員がいました。数年前まで大手通信社に勤めていたそうです。そういう人がなぜ今、零細雑誌社にいるのか、先輩は新人の私をよく居酒屋に誘い、経緯を話して聞かせてくれました。

採用は百人に一人の難関だったそうです。配属された課の課長は部下を大事にし、自由放任主義で細かいことは言わない人でした。仕事をする時間と場所には特に寛大で、外に出て何時間、所在不明でも注意ひとつしません。部下は明るくのびのびと仕事をしました。

十年経って課長が定年退職。新しい課長が着任。前の課長とは反対に口うるさい上司でした。遅刻・早退や理由のない離席はその都度注意し、直さなければ皆の前で怒鳴りつけました。「髭を剃れ」「髪を切れ」と個人の自由まで干渉してくる。皆、その課長を嫌いました。

あるとき、先輩社員は一カ月の世界旅行の〝休暇申請書〟を提出しました。

課長は「休暇はいいが、この時期は君も知ってのとおり、繁忙期になるので時期を変えてくれ」と言いました。先輩はそれを無視して、旅行に出発しました。旅行から戻って出社すると、課長に「規則に従わず会社に損害を与えたので解雇する」と言われました。

先輩は会社を裁判所に訴えました。一年近い裁判の末、先輩は勝訴し、裁判所は会社に対して、今までの給料の支払いと職場復帰を命じました。

先輩は会社に出社したが、皆、冷たく、仕事は与えられず、自分の机もない。給料は以前の半分。それでも我慢して出勤を続けたが、ついに精神がプッツンと切れて退社。しばらくぶらぶらした後、この雑誌社に入ったというのです。

私はこの先輩に大事なことを教えられました。それは〝こんな社員になってはいけない〟ということです。

あれから五十年、この先輩を反面教師として経験を積み、若い社員に「こんな社員になりなさい」と自信を持って言えるまでになりました。

令和三年四月

染谷和巳

Contents
目次

第2章 組織人

Contents

目次

第3章

ビジネス能力

第4章 仕事能力

Contents
目次

第5章
行動力

第6章

精神力

Contents
目次

第7章
人間関係

第8章

自己啓発

Contents
目次

第9章 私生活

Contents

目次

第10章

社会人

第 1 章

社員の会社観

You can get the strangest secret for Success

Section

1 これが〝会社の常識〟か

二人の中年サラリーマンの会話。

「娘が就職しましてね、四月から勤め始めるんですが、これからが地獄だと言ってやりました」

「そうですね。これから大変。学生の今が一番いい。気楽で」

「学生のときが一番よかった、確かに」

「そう、戻りたいなあ、あの頃に……」

会社に勤めるのは地獄で、学生時代は天国という話です。二人の顔を見ると、想像どおり顔も体も全体にくたびれた感じでした。もう二十年も会社に〝いやいや〟勤めてきた人生が顔に出ています。

私は、「会社勤めは地獄」という固定観念を打ち破ることができず、「学生に戻りたい」という二人は不幸な人だと思いました。会社に対する考え方、仕事に対する考え方、そして自分の人生に対する考え方が幼稚だと思いました。

あなたはどうでしょう。やはり、「会社はどうも好きになれないところ」なのではないでしょうか。給料をもらっているので命じられた仕事はします。勤務時間を守ります。しかし、自由は奪われるし、挨拶の仕方ひとつから訓練されるし、社長の考え方を理解することを強要されるし、人前で容赦なく大きい声で叱責されます。あなたも内心では、「会社は逃げ出したくなるほどいやなところ」と思っています。

当然です。あなたは家庭や学校で、礼儀や目上の人に対する言葉遣いなどを躾《しつけ》られませんでした。暗記力やクイズを解く力は伸びましたが、読み書き計算を充分にしてこなかったので、仕事をしていく上で絶対必要な「考える力」が欠けています。また、社会人の基本、たとえば名前を呼ばれたら明るく大きい声で「はいっ」と返事をするといった基本的なことは何ひとつ身に付けませんでした。だから会社がいやなのです。

あなたも二人の中年サラリーマンと同じように「学生時代に戻りたい」と思っているのではないでしょうか。

会社は社会の一部分ですが、会社には一般社会の常識の枠から外れた「会社の常識」がいろいろあります。社会の常識と正反対の常識もあります。この「会社の常識」を知らないと〝会社は地獄〟になります。もちろん、会社の常識よりも国の法律や伝統慣習に基づく社会の常識のほうが優先します。だからといって社員が会社の中で会社の常識に従わず、社会の常識で判断し、行動すればその社員はダメ社員です。

会社は生活の糧を与えてくれる場ですが、人間修行の場でもあります。誰でも会社に入って仕事をすることによって一人前の大人に成長します。あなたが「会社の常識」を身に付ければ、仕事がおもしろくなります。会社へ行くのが楽しくなります。そこに生きがいを見つけることができます。そうしたあなたを、会社は人材として優遇してくれます。充実した豊かな人生が約束されます。

この本で「会社の常識」を学びましょう。あなたはきっと「へえー、これが会社の常識か」と驚き、意識と行動を変えていくことでしょう。

Section

2 宝探しはやめてプロになる決意を

「ありました、ありました。こんな所にこんなうまいものが！」とテレビのグルメ番組。「見てください、このすばらしい景色を！　まさに秘境です」と旅番組。連日レポーターが穴場や秘境を紹介して叫んでいます。それを見て「今度行ってみよう」とメモを取る……。

人は宝探しが好きです。自分を幸福にしてくれるものがどこかにある。汗を流して努力することはない。自分で考えて作る必要はない。すでにあるもの、出来上がっているものを「発見」すればいいのだ。誰か教えてくれる人はいないか。情報を集めよう。こうした考え方の人が増えています。社会現象になっているといってよいでしょう。

転職サイトの隆盛もその一つです。まだ会社に勤めている社員が「自分の希望に合ったもっといい別の会社があるはずだ」と目を皿のようにしてページを見ています。

ある新聞の調査によると新入社員の40％が一年以内に転職。残った人のうち「今の会社に不満はない。辞めたいと思ったことはない」と答えた人はわずか6％。「いずれ辞めようと思っている」「辞めたいと思ったことがある」と答えた人が70％以上に上るそうです。転職サイトが流行るわけです。

この宝探しの社会現象は、うまい物や温泉探しなら〝軽薄〟と笑って済ますことができますが、若者が会社をすぐ辞める現象となると問題は深刻です。転職の成功率は30％といわれています。失敗者はまた転職。会社を転々としてやがてニート、フリーターと呼ばれる〝働かない若者〟となり、社会の片隅に吹き溜まり、溜まり溜まっていまや百万人。これからも年々増える傾向にあります。

「企業が求めているのは昔も今も達人、匠、職人というプロです。いつの時代も企業はこうした人材を求め続けてきました。しかも日本の企業は欧米と違って〝人材育成〟は会社の務めと考え、自力で行っています。

求職される若い方々は継続して勤務すると決意して、入社の面接で『三年間は絶対に辞めません』と明言してください。こうした方に対して企業は本気でプロになる支援をして、共通の利益のために努力する用意があります」

これは愛知県犬山《いぬやま》市の犬山職業安定協会会長の丹羽公男《にわきみお》氏がハローワークの機関誌に書いた挨拶文の一部です。丹羽氏はガス・水・エレクトロニクス機器の部品メーカー、タイム技研株式会社の会長であり、その三十年に渡る経営者の体験から言っていることです。

「転職はいいことです。我慢することはない、不満ならすぐ辞めなさい。自分に合う会社を探すのです」といった安易に職場を変えることを美化する風潮を憂慮し、あえてこのような苦言を呈したのです。

会社はプロを求め、プロを育成する場である。よってプロになると決意して入社し、不満があっても三年は我慢しなさいということです。浮ついた気持ちで転職を考えている人には耳が痛い忠告でしょう。しかし、これが正論です。丹羽会長だけでなく大半の経営者が同じ考えを持っています。

宝などないのです。自分を幸せにしてくれるもっといい会社などありません。宝は自分の力で勝ち取るもの。それはプロになり、会社の人材となることによって実現します。宝探しはやめなさい。

Section 3

社長の考えを理解し、協調せよ

女性社員にお客様からワインが送られてきました。包みを開けてみんなが騒いでいます。それを見て社長が「お礼の電話をしたか」と聞きました。女性社員は「いいえ。飲んで味をみて、その後でします」と答えました。社長は「お礼は早いほうがいい。今すぐしなさい」と言って出かけて行きました。

戻ってくると社長は「お礼の電話をしたか」と聞きました。女性社員は「はい、しました」と答えました。社長はそのとおりやったかどうか必ず確認します。ワインは飲んでみてその感想を添えたほうが心のこもったお礼になり、お客様もそのほうが喜ぶ。もし、こう反論すれば、社長が大きい声で「すぐしなさい！」と怒鳴るのが目に見えている。それがわかっているので社長の言うとおりにしたのです。社員はうんざりしていますが、社長は細かいことを繰り返し言います。

「悪い報告を真っ先にせよ」

「報告書は簡潔に一枚で。二枚以上の報告書は私は読まない」

「言葉を言いながらお辞儀をするな。〝おはようございます〟と言い終わってから頭を下げよ」

「机の上は何もない状態に片付けてから帰れ」

「履物は脱いだら手で出船形に揃えろ」

「いいと思ったことは直ちに実行しろ。悪いと思ったことはすぐやめろ」

もう社員の耳にはタコができています。

では社長はなぜ細かいことを繰り返し社員に言うのでしょうか。

会社は一つの意思にまとまったときに力を発揮します。集団が結束するには全員が同じ価値観を持つことが必要です。「意思統一」を図らねばならない。社長はこう考えて社内報や文書で自分の考えを述べ、会議で話し、朝礼で説き、要点を壁に貼り出して意思統一に努めます。しかし、それでも意思統一の道は遠い。

そこで社長は小さいことでも気が付くたびにその場で教え、注意し、叱ります。こうして自分の考えを浸透させようと努力します。社長が細かくうるさいのはそのためです。

あなたは社長と違う価値観を持っています。それが仕事に表れます。ちょっとした態度や言葉に表れます。それは前に述べた一般社会の常識に基づく価値観であり、会社の常識を身に付けたものではありません。その価値観が間違っているわけではありませんが、この会社の社員としては社長のやり方に従ってくれなくては……。社長は社員一人ひとりの一つひとつの行為を直すことによって会社の常識を浸透させ、社長の考え方、やり方に賛同、共鳴する社員を作ろうとしているのです。

あなたの心にある会社に対する不満、社長に対する不満は、あなたが社長のこの気持ちを理解していないところから生じています。

社長の考えを理解しましょう。その考えを行動に移していきましょう。社長からいちいち細かいことを言われない社員になりましょう。社長が期待しているとおりに仕事をする社員になりましょう。

Section

4 教育期間中の給料は会社からの先行投資

二年留年し、六年かけてやっと卒業できることになった板垣は学校の人気《ひとけ》ない就職課に出向き、求人リストの中から初任給が最も高い会社を選択しました。大企業より五割高く、他の中小企業より二割は高い。電電公社(現NTT)の下請け企業なので信用していいと思いました。

面接会場は一流ホテル。黒いダブルのスーツを着た青年社長が「会社の輝かしい将来」を語り、部長という人が五億、十億の仕事の話をして応募者を魅了しました。試験と面接は形だけ。すぐ採用通知が来て、またその一流ホテルに呼ばれました。応募者は十五名いたのですが、当日来たのは八名。社長は「厳選した」と言いますが、どうやら応募者全員に採用通知を出したが八名しか来なかったというのが真相のようです。八名は皆、大卒で、板垣同様、高額の初任給に惹かれて入社したのでした。

会社は電話局の裏にある仮設プレハブ。トイレも外の資材置き場の隅の仮設トイレ。事務所の壁に六月に移る予定の青山の新築ビルの絵が飾ってありました。仕事は電信柱から電話機までの配線工事。都心はビル、下町は一般住宅が仕事場です。一週間の技術研修を受け、八人の新人はもう一人前。工具の入ったズック鞄を持って自転車で現場を回りました。先輩技術者はたった三人。したがって、この新人八人が会社の主力戦闘員でした。

四月に入社し、六月に新築ビルに事務所移転。七月に給料遅配、八月は給料をもらうことができず、八月末会社は潰れました。社長が金に困って、親会社から預かっている電線を横流しししていたのがばれて処分されたのです。まだ零細規模の段階で新人に高給を払い、高額な家賃の事務所を借り、その上、社長が高級車を乗り回して女を作りと、背伸びした結果でした。

初めての就職先が五カ月で潰れた。板垣には苦い経験でした。初任給が高い会社を選んだ報いです。

会社が高い初任給を提示するのは、資格や特別な技術を持つ専門職を募る場合や、急成長中で増員に必死な場合などの他、3K（きつい、きたない、危険）の仕事で給料で釣らないと人が集められない場合があります。実際には払わない高額な給料を提示して、誇大広告で摘発されたケースもあります。高い初任給は「何かある」と警戒したほうがいいでしょう。

新人が仕事に習熟するまでには時間がかかります。簡単な仕事でも三カ月から半年、難しい仕事は三年から五年かかります。この間は教育期間です。この教育期間に会社が社員に払っている給料は何か。〝先行投資〟です。

会社としては損を承知の出費です。早く一人前になって返してくれよ、という願いのこもった先行投資なのです。

優良企業の中には募集広告に「初任給は当社規定による」だけで金額を明記しないところもあります。そしてこうした会社の初任給は決して高くはありません。むしろ思ったより低いのが通例です。「教育期間中の新人には高い給料は払わない」は経営者の常識です。

板垣は社会人一年生でいい勉強をしました。以後、就職先を選ぶときは仕事の内容や社長の人柄を重視し、給料の高低は軽視しました。ある会社に中途入社して、安い給料でしたが、仕事に集中して仕事で頭角を現し、五年で課長、十年で部長となり、現在、板垣は在社二十年で専務取締役を務めています。

Section 5

月給を〝プロの報酬〟と考えること

サラリーマンの平均年収は四百八十万円（平成十九年度）だそうです。世界の大半の国は日本より所得水準が低いので、この年収をうらやましがります。

しかし、日本のサラリーマンは自分の年収に不満です。外国と比べてこんなに高いんだと言われても不満は消えません。現実に、小遣いが少ない、貯金ができない、生活が楽ではないといった不満が根強くあるからです。

「給料が安い」という不満は正当なのでしょうか。たとえば、あなたの月給が三十万円だとします。

あなたの給料は交通費や福利厚生などさまざまな手当てが付き、毎月、税金や社会保険料や厚生年金が引かれています。あなたは給与明細書を見て額面三十万円。「ふーん、会社は私に三十万円のお金を使っているんだ」と思います。三十万円だけでしょうか。

新人が一人前になるまでの教育費は〝先行投資〟だと前に述べました。それ以外の技術教育や管理者教育も会社が負担しています。ある会社では社員に外部研修を受けさせるとき、社長が「これは臨時ボーナスです」と言います。本来は社員が出すべき費用を〝会社が特別に払ってあげるんですよ〟という意味です。どこの会社でも教育費は社員にかけている一番大きい投資といえるでしょう。

また、社会保険料や厚生年金は、あなたが払っているのは半額で、残りの半額は会社が支払っています。こうした目に見える経費以外にもあなたが寒いと言えば暖房を入れ、暑いと言えば冷房を入れます。光熱費や水道代もかかります。経理や事務を担当するスタッフの人件費も、一部はあなたのための負担です。事務所の家賃、あなたが使う事務用品……ざっと計算するとあなたの給料の三倍になります。つまり月給三十万円の人なら、会社は毎月最低九十万円のお金をかけているということです。

では九十万円稼ぐために、あなたが営業マンならいくら売れればいいでしょうか。商品の原価、パンフレットや挨拶状などの印刷物、営業に要する交通費や通信費、これらの合計が売り上げの70%とすると三百万円。毎月三百万円売ってようやく給料分です。扱っている商品によっても違いますが、営業マンはもらっている給料三十万円の十倍の売り上げを上げなければ給料持ち出し社員。十倍売ってプラスマイナスゼロ。一人前の営業マン、プロの営業マンはそれ以上売って会社に利益をもたらす人だということがわかります。

ボーナスは日本語で賞与。賞与は仕事の成果に対するご褒美です。自分の給料分以上の成果を上げて会社に貢献している人に対する会社の感謝の表現です。家電大手のM社は夏冬夏と三回、新人にはボーナスを一円も出しません。

M社の社員は皆、それを当然のことと受け止めています。新人はご褒美をもらうだけの成果を上げていないのだからゼロ。これが収入についてのプロの考え方です。

あなたは軽々しく「うちは給料が安い、ボーナスが少ない」と不満を言ってはなりません。あなたが今の給料分以上の働きをすれば、会社は必ずあなたが満足する〝プロの報酬〟を払います。

Section

6 ファイティングポーズを取れ

会社は競争をしています。お客様をより多く獲得する競争をしています。お客様からより多く買ってもらう競争をしています。そのため、品質を高める競争、コストダウンの競争をしています。この競争に勝った会社が栄え、勝てない会社は栄えることができません。いや競争に負けた会社は確実に衰退します。そして消滅します。

こう考えると競争という表現は生ぬるい。競争は勝ち負けがありますが、負けても死ぬことはありません。会社は負ければ死にます。適切な言葉で表現してみましょう。

会社は戦争をしています。こう言うと「戦争反対」という平和教育を受けてきたあなたは、いやな顔をします。わざわざ戦争という言葉を使わなくてもいいではないかと思います。しかし、会社が戦争しているのは事実です。人の命のやり取りこそありませんが、会社は自分の命を懸けた戦争をしています。

負ければ会社は潰れます。あるいは強い大きい他の会社に吸収され消滅します。つまり殺されるのです。戦争と同じです。

かつて「一円入札事件」が、世の中を騒がせたことがあります。日本を代表する巨大企業が、新しいコンピュータシステムを導入するために競争入札を行いました。その際、某メーカーは普通なら何億円ともいわれるシステムを総額一円で入札しました。世間はびっくりし、競争会社は怒りました。その会社の社員も「うちのやり方はえげつない」と批判の声を上げました。

しかし、中小企業の経営者で、この一円入札の会社を悪く言う人はほとんどいませんでした。経営者にはそのやむにやまれぬ心情が痛いほどわかるからでしょう。

たとえ一円であっても一度指名されて契約関係ができれば、その後、商売がつながる可能性が高いのです。巨大企業の他の部門や関連会社でも取引してくれるでしょう。ハードだけでなくソフトも導入してくれるでしょう。数億円の損失は取り戻せるのです。しかし、もし、その仕事を取れなければ絶対に負けです。「フェアな金額で入札に応じた」といくら世間が褒めてくれても、負けたら会社はおしまいです。経営は悪化し、社員の生活を保証することができなくなります。一円入札の経営者は、こうした危機感を持って決断したのです。それを「うちのやり方はえげつない」と他人事のように非難する社員は、いったい何者でしょうか。

あなたの会社では、誰が戦っていますか。社長でしょう。上司も戦っています。あなたはどうですか。社長や上司のやることを、冷めた批判的な目で眺めていませんか。会社は戦争をしています。社員は戦士です。戦士は戦う姿勢、ファイティングポーズを取らなくてはなりません。ファイティングポーズを取ることで戦う意欲を強めていかなくてはなりません。「社長と一緒に戦おう」と決意しましょう。会社が苦しいときは自分の欲を抑えましょう。会社のために自分の時間と労力をより多く使いましょう。

Section

7 自分で仕事を探してする人になれ

吉村は大手紳士服販売店に入社しました。吉村が配属された店はオフィス街にあり、土曜、日曜や祝日は比較的暇でした。お客様はいないし、上司は何も指示しない。こうした時間が吉村には苦痛でした。手や足ばかりか目や耳まで何をしていいかわからず、困っていました。

しかし、先輩社員はお客様が少ない暇な時間帯に生き生きしています。店内の整理や掃除、商品の補充、倉庫の整頓など率先して行っています。さらに驚いたのは、自分で工夫して手書きの色鮮やかなポップを書いたり、商品入荷の手伝いや数量チェックを進んでやっています。それらは店長から言われたことではなく、すべて自分で見つけてしている仕事のようです。

吉村と先輩では時間の流れがまったく違っていたのでしょう。吉村は暇な時間帯は何もしないでぼーっと突っ立っていました。そのため、わずか十分が一時間にも感じられました。しかし、先輩はいつも柱時計を見ては、「あっ、もうこんな時間か。急がないと」と言って、店内を動き回っているのです。

それから一年後、先輩は他の店に副店長として栄転することになりました。異動が近いある日、先輩は吉村に忠告してくれました。「言われたことしかやらないんじゃ、ロボットと一緒だよ。君はロボットになっちゃいけない」。吉村は金槌《かなづち》で頭を殴られたようなショックを受けました。先輩は付け加えました。「ロボットにならないためにはね、お客様が店内に一人もいなくても、ぼーっと立っていないで、常に『何か』をしていること。『何か』というのはだいたい雑用だけれど、忙しいときでも、手があいたらこの棚を整理しよう、廊下を掃除しようと頭に浮かぶ。それを暇な時間帯にすぐ行う。難しいことではない。君にできないことではないよ」

その日以来、吉村は変わりました。幸い、先輩と長く一緒だったので、先輩がいつどんなことをしていたのかは全部わかっています。それらをすべてノートに書き出し、一日のうちのいつ何をすればよいかの計画を立てチェックリストにしました。それを毎日実行し、きちんとできた日は「○」、できなかった日は「×」印を書き込んでいきました。

毎日、目が回るほど忙しくなりました。一カ月続けると「○」が多くなり、それがまた励みになりました。

ある日、店長が言いました。「吉村君、最近、楽しそうな顔で仕事をしているね」。店長に言われて、初めて気付きました。〝そうだ。私は毎日楽しく仕事をしている〟と。

どんな仕事も自分で考え、工夫して行えば、おもしろくなります。その逆に最低最小限の仕事を義務として行っていればどんな仕事もつまらなくなります。仕事というのは、それを行う人の心の持ち方でおもしろくもなり、つまらなくもなります。

上から言われたことだけをしているのではロボットと同じです。楽しく仕事をしましょう。そのために、自分で仕事を探しましょう。八方に目を配り、目を凝らし、耳を澄まし、職場の声を聞き取りましょう。そうすれば必ず聞こえてきます。「この仕事、誰かやってくれませんか」というささやきが……。

Section 8 「サービス残業」の考え方

ある居酒屋。先輩と後輩らしき二人の男が酒を飲んでいます。「給料が安くて生活が苦しい。親に援助してもらって女房子供を養っているんです」と後輩。先輩は「ばかだなあ。定時にあがるからだよ。残業用に少し仕事を残しとかなきゃ。オレなんか、先月の残業代だけで十万円だ」と自慢しています。「なるほど、その手があったんですねえ」と感心する後輩。

社長が聞いたら泣くでしょう。「君たちは会社を食いものにする気か」と怒り狂うでしょう。

労働基準監督署は、残業代を払っていない〝サービス残業〟の摘発に力を入れています。会社に調査に出向いて「これだけの時間、社員にただ働きをさせている。即刻支払いなさい」と指導しています。お上には逆らえないので会社は社員に支払います。社員は〝臨時ボーナス〟を喜びます。しかし少し変な気持ちです。自分は残業代のことなんか考えたことはなかった。残業代が欲しくて夜遅くまで仕事をしたのではない……と。ここでは残業について一緒に考えましょう。

残業代稼ぎではなく、つまり会社に対して悪意がないのに、いつも残業になる人がいます。人数からいえば、このタイプの人が圧倒的に多いでしょう。この人たちは、なぜ残業になってしまうのでしょうか。

有能で上司が過重な仕事を与えるため、残業続きになる人がいます。この人は幸せです。遠からず出世していく人です。過労で病気にならないよう、自己管理をしっかり行いましょう。

仕事が遅いため、毎日残業になる人がいます。だいたい同じ仕事量の同僚は、いつも六時過ぎには会社を出ています。しかし、この人はいつも八時、九時までかかるのです。この人の残業は、会社にとって迷惑です。仕事のやり方を考えて変えていきましょう。

一番多いのは、はっきりした理由もないのに何となく残業している人です。上司や先輩が仕事をしているから、自分だけ先に帰るのは気が引けるという人がいます。あるいは早く帰っても格別やることがないので、いわば暇つぶしに残業をしている人がいます。

周りに遠慮する必要はありません。その日やるべきことを滞りなく終えたなら、「お先に失礼します」と言って帰りましょう。物事をきちんと見ている上司なら、それを「けしからん」とは言いません。上司が「けしからん」と言うのは、あなたがやることもやらずに時間が来たら帰るときです。

早く帰ってもやることがないあなた。会社を自宅の居間代わりにしてはいけません。仕事が終わったら早く家に帰って勉強をしましょう。本を読みましょう。

用もないのにだらだら残業などしないで、早く帰って明日の英気を養いましょう。早寝早起きを習慣にしましょう。毎朝、一時間早く出社して仕事の準備をしましょう。みんなのために職場の掃除や整理整頓をしましょう。

Section 9

時間外に来るお客様を大切にせよ

急に風邪薬が必要になり、閉店間際のドラッグストアに駆け込みました。豊富な品揃えと一般の薬局より長い営業時間で急成長した店です。昼間に行くと「いらっしゃいませ」と大きい声の挨拶があるのですが、今はどこからも声がかかりません。店員はあちこちにいるのです。下を向いて伝票作業をしたり、商品の補充をしたり、店内の掃除をしたりと、めいめい閉店作業に没頭しています。女性店員に「風邪薬が欲しいんですが」と言うと、「あそこの青い柱の向こうです」と面倒くさそう。その態度は〝早くしまいたいんだから、邪魔しないで〟と言っていました。こう言いたい気持ちはわからないではないですが、私は不愉快になり、薬を買わずに帰ってきました。

東北地方のある会社を訪ねたときです。約束は午後一時でした。早く着いたので外で待ち、十二時五十分を回ったので入って行きました。事務所のデスクに「午後の業務は十三時からです」と断り書きが置いてあります。人はいるのですが、机に突っ伏して昼寝をしています。もっと驚いたのはその後です。私は「ごめんください」「すみません」と事務所中に聞こえる声で呼ぶのですが、誰もやって来ません。しばらくして、女性社員が仏頂面で「はい？」と言うのです。「いらっしゃいませ」もお辞儀もないのです。十三時になればガラッと態度を変えるのでしょうが、五分前のこの応対は私には信じられませんでした。

こうしたお店や会社に限って「顧客第一主義」などという標語が貼ってあります。この人たちにとっては顧客第一主義は始業時間から終業時間まで、それ以前、それ以後の時間や昼休みの時間は自分第一主義なのです。

会社は誰のためにあるか。そこで働く社員のためにあるのではありません。言うまでもなく、お客様のためにあります。お客様が必要とする会社なら繁盛します。お客様が必要としない会社は潰れます。より多くのお客様に支持されれば会社は栄え、給料や賞与など社員の待遇もよくなります。時間外であろうが、休憩時間中であろうが、お客様が求める以上はお客様のためにサービスをするのが、そこに勤める人の基本姿勢です。

東京のリフォーム会社の社長の名刺には次の文章が印刷されています。「お急ぎの方、クレームの用件については、下記の携帯をコール願います。どんなに遅くとも、一時間以内に対応を開始します。二十四時間受付可能です」。社員の名刺にも同じ文が刷り込まれています。これを文字どおり実行しています。暴風雨の真夜中、「雨漏り」の電話。家で寝ていた社長と一人の社員がすっ飛んでいきます。ずぶ濡れになって屋根の修理――。お客様は心から頭を下げて感謝します。この会社の社長は「時間外の仕事がお得意様を増やしています」と言っています。

早く帰りたいという気持ちはわかります。しかし、時間外にやってくるお客様は切迫した事情を抱えているのです。そのとき親切に応対してあげれば、そのお客様はあなたを名指しで呼んでくれるお得意様になってくれます。

Section

10 「この場合、社長ならどうするだろう」と考える

「謝れば済むってもんじゃない。君は言うべきことをなぜはっきり言わないんだ」。課長は、顔を真っ赤にして怒鳴りました。「申し訳ありません」。北野は、うなだれました。千個の精密部品が、机の上に山積みされています。

北野は素直な男です。上司や先輩には「はいっ」と従います。注意されると「申し訳ありません」と頭を下げます。お客様にもかわいがられています。しかし、この素直さがやや行き過ぎのところがあります。お客様の要望はすべて「はいっ、かしこまりました」と聞いてしまいます。上司に何を言われても「はいっ、申し訳ありません」と安易に謝ってしまいます。

今回もそうでした。お客様の指示どおりの仕様で仕上げて納品したところ、お客様が「どうもイメージが違うなあ」と言い出しました。北野は「はいっ、では何とかします」と頭を下げて、そのまま商品を持ち帰ったのです。「お前、これ全部オシャカにしたらいくら損すると思うんだ！」という課長の叱責に、北

野は小さくなって「申し訳ありません」と謝るばかり。

すぐに謝る、頭を下げるのは北野のいいところです。しかし、この長所が時には自分の首を絞める結果になる場合もあります。双方に責任があるトラブルの場面、交渉して妥協点を見つけていく話し合いの場面などで、相手と言い争うのがいやですぐ引いてしまう。北野は会社が被るであろう損害まで頭が回らず、ともかく早く楽になりたかったのです。北野は戦うのが恐くてすぐ謝ってしまう人、いやなことからすぐ逃げてしまう人、無責任な人です。

北野のように無責任な社員にならないために、次の二つを守りましょう。

①あと一歩粘ること

自分は悪くないのにその場を丸く治めるために、すぐに謝るのは一番よくありません。あとは相手の言いなりにならざるを得ません。あなたは会社の代表としてお客様と対しています。〝この場合、うちの社長ならどうするだろう〟と社長になったつもりで相手と接することです。そうすれば「これはお客様の指示どおり作ったものです。申し訳ありませんが、今回はお納めいただけないでしょうか」という言いにくい台詞を言う勇気が湧いてきます。

②できない約束はしないこと

その場しのぎの安請合いは、後で言質《げんち》を取られ、大きいクレームになります。できないことは「できかねますが……」とはっきり言い切ったほうが逆に信頼を増します。ただし、その後で「……こういう条件でよろしければ、受けさせていただきます」とお互いが妥協できる提案を用意しておくのが望ましいやり方です。交渉ごとは「イエス、バット（Yes,but）」ではなく、「ノー、バット（No,but）」のスタンスで行ったほうがうまくいくことが多いようです。

会社に不利になるときは〝社長ならどうするだろう〟と考え、社長になったつもりで交渉にあたりましょう。

Section

11 現状を否定してよりよく変えよう

「どんな小さなことでもよい。仕事の改善をせよ。各部門長は毎週一つの工夫改善を行い、それを報告すること」と社長通達が出ました。部門長たちの顔色はさえませんでした。言葉にこそ出さないものの〝この忙しいのに〟という不満が顔に書いてあります。それでも社長命令である以上、「わかりました」と頭を下げるしかありません。皆、重い腰を上げて、現場を回り、社員の声を拾い始めました。

三カ月が過ぎた頃、幹部会で一人の部門長が言いました。「社長、この改善通達はいつまで続くんですか。もうネタ切れですよ」。社長は答えました。「改善すべきことは現場には百も二百も転がっている。この改善提案制度は無期限に続けます。それができないとしたらあなたは……」と言って、言葉を飲み込みました。

いまや世界でも有数の優良企業トヨタの経営思想の一つに、「変わらざるは悪」というスローガンがあります。経営とは変化に対応していく営みです。変えなさい。今までやってきたあらゆることを疑いなさい。否定しなさい。そして人も会社も変化を続けていくのです。簡単に言えば、これがトヨタにおける変化への挑戦なのです。世界に誇る巨大企業にして、この柔軟さはどうでしょうか。

平成十五年四月、人口三万人の静岡県吉田町に新しい町長が就任しました。田村典彦《たむらのりひこ》町長です。町長は役所に〝革命〟を起こした人です。まず始めたのが、日曜開庁。普通役所はどこも日曜日は休業しています。これに不便を感じている人は実に多い。そこに目を付け、町役場を日曜営業にしました。多くの住民が喜びました。

次に手がけたのが談合廃止。談合が行われれば、入札価格は限りなく自治体の予定価格に近づきます。公正な競争が行われればもっと安くなるはず。町長は談合をなくすために、くじ引きを導入しました。二度の抽選でくじに当たった五社で入札を行います。業者は猛反発をしました。当然でしょう。

自分たちの利権が奪われるからです。町長は、しかし、妥協をしませんでした。三十八業者中、三十四社が抽選参加をボイコット。残った四社が入札に参加しました。何と予定価格の90・39％という低価格での落札が実現したのです。より安い値段で同じ工事ができることこそ、本当の住民サービスにつながるという町長の信念の勝利です。田村町長は「前の時代に通用していたことが、今の時代でも通用するというのはおかしい」と語っています。

町役場でさえも世の中の実情に合わせて変わっていくのです。会社の社員が現状に安住していてはいけません。

そう、あの社長はきっとこう言いたかったのです。「それができないとしたら、この会社にあなたの居場所はなくなります」と。

社長は部門長の改善案を尊重し、次々に実行しました。成果が上がると提案者を表彰しました。表彰された部門長はさらに熱心に改善案を考えるようになりました。この会社の改善案制度はこうして定着していきました。

現在している仕事を否定してみましょう。もっと早くできないか、もっと小さくできないか、もっと軽くできないか、もっと安くできないか、もっと精度を高くできないか、もっといい方法はないか考えましょう。現状を変えていく社員になりましょう。

第2章
組織人

You can get the strangest secret for Success

Section

12 会社は心がつながる人が集まる 〝共同体〟と考える

ある社員は会社や仲間と心のつながりを持ちたくないと思っています。決められた時間に決められた仕事をして決められたお金をもらう。会社と社員の関係はこれだけのものであり、これ以上のものではないと考えています。

そこで朝は始業時刻ギリギリに出社します。終業時刻が来ると仕事を放り出して帰ってしまいます。長い残業や休日出勤は断わります。雑用はしません。上司が緊急の仕事を頼むと「それは私の仕事ではありません」と断わります。自分が暇で仲間が忙しくても決して手伝いません。社員旅行や会社の行事には参加しません。

また、ある社員は昇給や賞与の額に敏感です。景気が悪くて前より賞与が少なくなったりすると、会社を恨んで悪口を言います。

ある社員は会社、自分は自分と割り切っています。会社が私生活に干渉したり、プライベートの部分を侵害することは断じて許しません。会社が困ろうと同僚が困ろうと「関係ない。私は契約どおり自分の義務を果たしている」と言って背を向けます。そして、「大口の注文が取れた」と喜んでいる人や「仕事がうまくいかない」と悩んでいる人を見て、「こいつら、会社に身も心も売り渡しちゃってばかな奴らだ」とつぶやくのです。

こうした社員は会社についての考え方が間違っています。

会社と社員は契約で結ばれているだけではないのです。私が尊敬する故山本七平《やまもとしちへい》氏が「組織は共同体である。このことを自覚せず、機能だけを追及していけば崩壊する」と言っています。組織の機能面、すなわち規則、命令報告などのルール、マニュアル、任務と役割、契約といったものだけを重視していくと、人はロボットのように冷たくなり、情熱と向上心、意欲を失って、組織は潰れてしまうと警告しています。

山本氏は、共同体の面、つまり運命を共にする人間のつながり、同志的結合、仲間意識というものを大事にしなければ、会社のような組織はうまくいかないと言っているのです。

会社は、会社という〝場〟に集まった人が、共に悩み、共に喜び、人生の幸福をわかち合うことを求めています。心を開いて語り合い、仲間を心配し、仲間に協力し、助け助けられてやっていくことを願っています。わがままを言わずにお互いに少しずつ譲り合って、力を合わせて困難を乗り切って欲しいと願っています。そして成功と目標達成の喜びの涙を流す〝人生の醍醐味〟を会社で経験して欲しいと思っています。ですから会社は人を大事にします。社員を指導育成し、幸福な生活を送って欲しいと、可能な限り優遇をするのです。

さあ、あなたの考え方を変えましょう。

会社は血の通った人間が集まった共同体なのです。そこには心のつながりと志を同じくする人間の固い結びつきがあります。これからの人生を豊かにするために、あなたは「会社は人が心を寄せ合う共同体」という視点に立って考え、行動していきましょう。

Section

13 現在の恵まれた境遇に感謝せよ

安月給のサラリーマンに嫌気が差し、一大決心をして全財産を賭けて、フランチャイズの焼鳥チェーンに加盟し、夫婦で事業を始めた人がいました。街でよく見かけるライトバンの焼鳥屋さんです。

売れませんでした。本部は一日二万円は売れると言っていましたが、一万円を超える日はなく、一日平均五千円、日に千五百円しか売れない日もありました。そこから本部に材料費やフランチャイズ料を払うと財布はほとんど空っぽです。夫婦の不安はどんどん膨らみます。ある日妻が「明日は給料日だから、何とか一息つけるわね」と言い、夫は妻の顔をまじまじと見て「ばかなこと言うな。おれたちにはもう給料はないんだ」と答えました。妻はハッとわれに返り、がっくり肩を落としました。

結局、夫婦は一年後に店を畳みました。五百万円の開業資金はあっという間に使い果たし、さらに五百万円の借金が残りました。現在、夫は夜間の建設現場の警備員となり、妻はスーパーのパート社員になり、借金を返しながら細々と生活しています。

毎月二十五日には決まった額の給料がもらえる。あなたはこのことを当然のことのように思っているでしょう。無理もありません。新入社員として会社に入ったときからずっと二十五日に銀行振込で給料の支払いを受けてきたので、それが当たり前のように思い込んでいるのです。

給料が入ってこないことがどれほど恐ろしいことか、あなたは知っているでしょうか。収入がなくても、出るものは容赦なく出て行きます。家賃があります。マンションや戸建住宅をローンで買った人は「ローン地獄」に落ちます。光熱飲食費があります。何もしていなくても人は食べたり飲んだりします。子供がいれば学費、教育費があり、交通費があり、病院代があります。仮にあなたが三十代の家庭持ちとしたら、収入がなければ、五百万円の貯金があっても一年で使い果たして借金生活に陥ります。

あなたは、自分がこうなるかもしれないと考えたこともありません。知人の苦しい体験談を聞いても、自分だけはそんな惨めな状態になることはないと思っています。しかし、これは誰にでもあり得ることです。

月々の給料がある日パタッと入らなくなることがあります。それは会社が倒産したときと、あなたがクビになるとき、そして自己都合で会社を辞めたときです。サラリーマンがいやで辞めたくなることは誰でもあります。焼鳥屋になった人のように独立する人も大勢います。しかし、国家資格や特別な技術を持たない人で独立する人は、百人のうち九十人が失敗します。失敗して初めて「会社を辞めなければよかった」と後悔するのです。

適当に仕事をし、適当にサボり、マイペースで生きている現在、あなたは幸せです。しかし、努力も苦労もしないで手に入れた幸福はもろい。すぐに壊れます。

今、あなたには会社があります。仕事があります。生活できるだけの給料が保証されています。この恵まれた境遇に感謝しましょう。

Section

14
〝独走〟を許される社員になる

谷本は仕事ができる男でした。上司も同僚も一目置いています。しかし、谷本は大きい欠点を持つ男でもありました。

「谷本君、A社への企画書の下書き、知らないかな?」と係長。「あっ、それなら係長の机の上にあったんで、ワープロ打ちしておきました。納期が日曜日になっていたので、係長の勘違いだと思って、月曜日に変更しておきました」「いや、日曜日でいいんだ。先方のたっての要望だから」「えっ、そうでしたか」「まあ、直して送ればいい」「いえ、もう送っちゃったんです」「何だって?」「先方から電話がありまして、係長がいなかったので私が出ました。ファックスで送れと言われたものですから」。係長は怒りました。「また余計なことをして! 勝手なことをするな!」

この後すぐ係長はA社の担当者に電話を入れ、不手際を何度も頭を下げて謝りました。

谷本の欠点は〝独走癖〟です。自分で勝手に判断して、上司の許可も得ずにことを進めてしまう性格です。似たようなことを、ちょくちょく起こします。そのため、能力は高いけれど失敗が多く、上の評価がいまひとつよくないのです。

言われたことしかしない、言わないと何もしない人はダメ社員です。仕事ができる人とは考えて仕事をする人です。谷本は常に「どうすればいいか」を考えて上司に言われる前に積極的に仕事をしているようです。いちいち言われないと動かない社員と比べると優秀です。しかし、組織人としては失格です。

会社はタテ社会です。社長の考えに基づいた方針を、上司から部下へ意思伝達をしながら仕事を進めていきます。その中で、社員の裁量や権限は制限されています。自分の好きなようにはできません。上司の許可なく、行きたいところに勝手に行ったり、したい仕事だけしてしたくない仕事はしないといったことはできません。

うまくやれるからと自分の能力を過信すると、結局は自分勝手な行動となり、会社に迷惑をかけることになりかねません。たとえ会社のためによかれと思っても、逆に「あいつはいつも余計なことをする」と信用を落とします。

独走する人は組織の上下関係を乱します。命令報告という組織の基本ルールを無視して行動します。組織をめちゃくちゃにする独走者はマイナスの存在であり、たとえ仕事の成果を上げていても、切り捨てられるべき人です。

上司は報告する部下、前もって許可を得る部下、相談を持ち掛けてくる部下を信頼します。信頼する部下には「ここまでは君の裁量に任せる」と仕事の範囲を広げてくれます。

さらに信頼が深くなれば、上司は「いちいち報告しなくてよい。君の判断で進めなさい」「何でも君の考えどおりにしていいよ。結果は後で報告してください」とあなたの〝独走〟を認めてくれるばかりか歓迎してくれます。谷本もこの手順を踏めば、優秀な社員になれるでしょう。

組織の一員であることを自覚しましょう。アイデアや工夫改善は実行する前に上司に提案しましょう。「こうしたいのですが、よろしいでしょうか」と許可を得ましょう。自分がしていることを面倒がらずに詳しく、上司に報告しましょう。

Section 15 会社の行事は気が進まなくても参加せよ

ある会社の社長は釣りが好きです。休みの日は時々、東京湾の乗り合い船でアジやカレイを釣りに出かけます。

ある日、「社内で釣り大会をしよう」と社長が提案しました。土曜日の休みの日です。強制ではなく自由参加です。舟代と弁当、飲み物代を合わせると一人一万円以上かかりますが、五千円個人負担という形にしました。

あなたがこの会社の社員だとしたらどうしますか。あなたが釣り好きなら参加するでしょう。

この会社では、若手男子社員十人のうち、参加したのは四人でした。残る六人は参加しませんでした。その日は別の約束がある、家のことをしなければならない、ずぶの素人なので周りに迷惑をかけるなど、おのおの不参加の理由を述べました。

それぞれ事情は事実なのでしょう。しかし、社長にはわかりました。本当の理由は〝行きたくないのだ〟ということが。

社長は魚を釣り上げることの楽しさを社員に味わわせてあげたかったのです。大海原の風と波のすばらしさを、海の上で食べるおにぎりや缶ビールのおいしさを、苦労して釣り上げた一匹のアジがもたらしてくれる感動を体験させたかったのです。

社長の狙いはそれだけではありません。海の上では、会社の中では決してしない会話が生まれます。普段は決して知りえない一人ひとりの性格や人間性を知ることができます。お互いの人間関係の距離がぐんと縮まり、親近感が増します。共に遊び、共に楽しむ経験を通して協調性や愛社精神といったものが芽生えてくれればという願いもあったのです。

社長の気持ちは、不参加組には伝わりませんでした。六人はおそらく、こんなことを考えたのでしょう。休みの日まで会社の行事に拘束されたくない。社長や同僚との人間関係をよくすることに関心がない。嫌いなことを無理に強要されるいわれはない。自由参加なんだから堂々と断っていいはずだ。まさかこれくらいのことで自分の評価が下がることはないだろう……。

こうした社員は終業後、社長や上司に「一杯やって行こうか」と誘われても、「いえ、ちょっと今日は都合が……」と断わる人です。会社の納会などでも、周囲の人と打ち解けない人です。会が終わったら、二次会でカラオケに行ったりする社員を横目に、黙って先に帰ってしまう人です。用事があって休日に電話でもすると、社内にいるときとは別人のようによそよそしい応対をする人です。平日九時から十七時までがこの会社の社員であって、それ以外の日や時間帯は社員ではない人です。

前にも述べましたが、会社は運命共同体です。みんなが一つの意思にまとまって力を合わせて仕事をするところです。社内行事に参加しましょう。上司に「一杯やろう」と誘われたら喜んでついて行きましょう。仕事以外のときや場所での上司や仲間との付き合いを進んでしましょう。

Section

16 上下のケジメをしっかりつけよ

社長が社員の名前を「ゴンちゃん」「みよちゃん」と通称やあだ名で呼び、社員が社長を「親父さん」などと呼んでいる会社があります。

こうした会社では日頃から命令拒否や命令違反が行われ、仕事のミスが多発し、無駄がはびこっています。

部下が間違ったやり方で仕事をしているとします。上司が「こうしたほうがいいんじゃないの」と助言します。部下は「いえ、私はこのほうがいいと思います」と自己流を通します。拙劣な仕事のやり方が改まりません。

きちんとした挨拶ができていません。部下は「おはよっす」と入ってきます。上司の顔など見ません。上司のほうも「う」と言うだけで書類に目を戻します。こんな会社だから外からお客様が来ても、きちんと応対できる人がいません。みんな知らん顔をしています。お客様は不愉快になり、内心〝ダメな会社だ〟と思います。

会社は家庭や学校と違います。会社は〝目的達成の組織〟です。会社の目的は利益を出すこと、社員を幸福にすること、潰れずに長く存続することです。この目的を達成するため、会社の組織はピラミッド型をしています。世界中のすべての会社がピラミッド型であり、過去の歴史上のすべての会社がピラミッド型です。これは未来永劫続きます。民主的な先生が「ピラミッド型は古い、これからはネットワーク型や文鎮型のフラットな組織の企業が伸びる」などと言いますが、ネットワーク型も文鎮型もピラミッド型の一種であり、こんな軽薄な考えに惑わされてはいけません。

ピラミッド型の組織は上下関係で成り立っています。トップに社長がおり、その下に大幹部、中堅幹部、一般社員の順に階層を作っています。

上は命令する人であり、責任を負う人であり、下を教育する人です。下は仕事の実行者であり、報告する人であり、上を補佐する人です。つまり、社内の人間の関係は、仲よし関係でもお友だち関係でもありません。家庭や学校は親と子、先生と生徒が平等という風潮ですが、会社は封建時代の主人と使用人に近い上下関係があります。

社員は上司を「社長」「課長」と役職名で呼ばなくてはなりません。上司には〝礼〟をもって接しなければなりません。朝の「おはようございます」は上司の席の前へ行ってきちんとする。呼ばれたら「はい」と返事をして直ちに上司の前に立つ。これが上司に対して部下が取るべき態度です。

この上下関係が乱れると組織は締まりをなくして腐っていきます。初めの例に挙げたように命令が行われず、みんなが無責任なだらしない会社になります。

上下のケジメをつけましょう。もし、上司が下へ降りてきて友だちのような口を利いても、あなたはそれに合わせてなれなれしくしてはいけません。そうしたときでも返事、挨拶はきちんと行いましょう。「です」「ます」調のていねいな言葉遣いで話しましょう。

Section

17 規則を守り〝社格〟を上げよ

営業マンとして若い男を一人採用しました。出社したその新入社員を見て営業部長は驚きました。面接のときは黒かった髪が赤いのです。「何だその髪は。それじゃお客様のところへ行けないじゃないか。すぐ直してきなさい」

新入社員は明るい声で答えました。「いいじゃないですか。個人の自由でしょ。就業規則に茶髪はいけないとは書いてありませんし。営業に行ったっておかしくないですよ」

営業部長は会社の顧問弁護士に「解雇できるかどうか」と相談しました。弁護士は「茶髪は社員のプライベートな部分です。できません。会社は社員の私生活を侵害することはできません」と説明しました。

弁護士が言っていることは正しいでしょう。茶髪でクビになった社員が告訴すれば会社は負けるでしょう。

しかし、会社はたとえそうなることが予想されても、茶髪を直さない社員はクビ（処罰）にすべきなのです。

就業規則に「当社の社員としてふさわしい服装、身だしなみをすること」とあります。ふさわしいかどうかは会社すなわち上司が判断することです。社員が判断することではありません。茶髪禁止と明記されていなくても、注意して改めさせ、改めなければ就業規則違反で処罰するのが筋です。

人に人格があるように、会社にも格というものがあります。〝社格〟です。格はその会社にどういう人がいるかで決まります。格上の会社は服装、身だしなみがきちんとした人が揃っています。格下の会社は身だしなみがだらしなくてもうるさく言うと、労働力不足をきたすので見逃しています。

会社の規則規律は、組織を円滑に運営していく上で、なくてはならないものです。と同時に、社格を上げる（組織を強化する）効果的な手段でもあります。

規則違反に厳しい会社がいい会社です。交通規則を破れば即罰金減点ですが、会社も規則規律違反は即処罰する。規則違反は注意したり叱ったりする対象ではなく処罰の対象です。

ある会社では、事故で遅刻しても風邪で休んでも一切言い訳が通りません。

一度は始末書で済んでも二度目は罰金、減給などの罰が下されます。「たかが遅刻でそこまで厳しく罰しなくても」とあなたは思うかもしれません。そう思うあなたはまだわかっていません。

人は自由気ままを求めるものです。会社が社員の規則違反を一つ見逃せば、後は雪崩のように違反が横行します。会社は無法者の集団になります。それは会社にとっても社員にとっても不幸です。ですから厳罰で臨むのです。それによって会社を品格ある人間の集団にするのです。

茶髪の営業マンですが、営業部長は社長に相談しました。社長は毅然と言いました。「弁護士がどう言おうと、裁判になろうと、私は茶髪の社員と一緒に仕事をすることはできません。これは、法律や規則の問題ではなく、会社の品格の問題です。茶髪を許せば風紀が乱れます。風紀が乱れれば会社は堕落し、社員は誇りをなくし、お客様の信頼を失います」

社長の考えを知って、営業部長は茶髪の営業マンに「解雇する」と通告しました。営業マンは翌日から黒い髪にして出社し、現在も在籍しているそうです。

Section
18 小事こそ大事

瀬川は入社五年、同期の中でも能力は上のほうだという自負があります。しかし、上司はそれを認めてくれません。

瀬川の仕事に「ホチキスの留め方がなっていない」とか、「机の上が乱雑だ、片付けなさい」と必ず口出ししてきます。重箱の隅を楊枝でほじくるように細かいことを言ってきます。

確かに小さいミスやポカはあり、それは自分でも反省しています。しかし、それはいわば枝葉にすぎない問題です。〝課長は神経質すぎる〟これが瀬川の不満のタネでした。

ある日、課長が「この本を読んでみなさい」と言って、一冊の本を瀬川に手渡しました。山本周五郎《やまもとしゅうごろう》の短編小説集です。

気が進みませんでしたが、読んでみることにしました。『ゆだん大敵』という短編の中に次のようなくだりがありました。

――剣道の師範が五人の弟子を育てるよう主君から命じられました。その日課が変わっています。朝三時起床。朝食までの三時間、道場の隅から隅までみっちり掃除。朝食後、城に登り、帰ってまた掃除。肝心の剣の稽古は一切ありません。あとは薪割り、畑作り、習字、洗濯、火桶の炭の切り方つぎ方。そして徹底した身辺の整理整頓。毎日朝から晩まで、雑事の繰り返しです。

一人の弟子が師に尋ねました。「私はここに剣を習いに来たのであって、掃除を学びに来たのではありません」。この弟子は剣の腕が立つ若者でした。他の弟子たちはものかげに隠れて、成り行きを見守っています。みんな思いは同じです。師はこう答えました。

「剣法には免許がある。学問にも卒業がある。しかし、武士の道には免許も卒業もない。ご奉公に始めはあるが終わりはない。この容易ならぬことを終生ゆるぎなく持続する根本は何か。それは生き方だ。その日その日、時々刻々の生き方にある。……拭き掃除も所持品の整理もその一つひとつは決して大事ではない。けれどもそれらを総合したところにその人間の〝生き方〟が表れる。取るに足らぬと見える日常瑣末《さまつ》なことが実は最も大切なのだ」

弟子は、師の本心を知りました。武士の道の厳しさを悟りました。そして涙をぼろぼろと流しながら自らの浅薄《せんぱく》を師に詫びたのです。

瀬川は上司がなぜ自分にこの小説を読むように薦めたかがよくわかりました。それ以来、瀬川は仕事に取り掛かる前の準備に神経を使うようになりました。周辺の整理整頓や掃除に時間をかけるようになりました。雑用の細かい点を一つひとつ「よりよい方法」を考え、工夫するようになりました。半年後、瀬川の仕事からポカやミスがなくなりました。もちろん課長の細かい口出しもなくなりました。

今、係長に昇進した瀬川は、自分の部下に必ず山本周五郎のその小説を読ませているそうです。

仕事の周辺の枝葉のこと、細かいこと、小事に手を抜かない社員になりましょう。取るに足りないと思える日常の瑣末なことを神経を使ってしっかり行いましょう。

Section

19 上司に認められる社員になる

昔の商店には「小僧」とか「丁稚《でっち》」と呼ばれる見習の少年がいました。七、八歳で店に入り、十代後半まで小間使いや雑用をして過ごします。この間に使いものにならないと見なされた子は親元に帰されました。職人の世界でも同様でした。見習の大工などいきなり金槌《かなづち》や鋸《のこぎり》など持たせてもらえるわけではありません。鉋屑《かんなくず》や古釘を拾い集めて片付けたり、親方や職方の道具を運んだりといった、やはり小間使いや雑用で過ごして、使いものにならなければ家に帰されました。

主人や親方は子供のどこを見て判断するのでしょうか。「この子は使いものにならない」と判断するのは、教えたことを覚えない、何度教えても教えたとおりしない、用事を言いつけてもぐずぐずしていてすぐ取り掛からない、散らかっていても片付けない、汚れていても掃除をしないなど言われなければ何もしない。こういう子でしょう。もちろん子供ですからこうした欠点を直す指導をします。何回も同じことを言って厳しく指導します。それでも全然よくならない。そこで主人は「この子に商売は無理」、親方は「この子に職人は無理」と判断して家に帰すのです。

これは現代の企業社会でも同じです。いつまでも出世しないというのは上が認めてくれないからではなく、上が認めてあげようとしても認めようがないのです。何かを任せてもきちんとできない、間違いや失敗が多い、ぼーっとしていて気が利かない、問題に気付かないなどの目立つ欠陥があるので、上のレベルの仕事をさせることはできません。こうした欠陥を直そうと指導しますが直りません。

上司から見放されるような社員になってはいけません。あなたは次の二点を心がけて上司に認められる社員になりましょう。

①八方に気を配って問題を解決しましょう

床にゴミが落ちていたらすぐ拾うことから始めてください。トイレが汚れていたらその場で掃除しましょう。机の上が乱雑ならすぐ整理しましょう。同僚の衣服に何か付いているのに気が付いたら取ってあげましょう。小さいことから始めましょう。気働きができる人になりましょう。

②言われた仕事や任された仕事では上が期待する以上の成果を上げましょう

そのためには与えられた仕事に全力投球しましょう。仕事の選り好みをしてはいけません。仕事を軽く見たり、手抜きをしてはいけません。どういう仕事をすれば上司は喜んでくれるかを常に考え、工夫改善しましょう。新しい提案をしていきましょう。「この仕事は君に任せよう」と上司に言ってもらえる得意分野や専門分野を作りましょう。

以上二点が上司から認められる社員です。会社という組織に所属する社員は、割り振られた役割を漫然とこなすだけでは不合格です。言われたことをするだけでは認めてもらえないのです。周りを見回してなすべきことを見つけましょう。隣の人を手伝いましょう。次に何をすればいいか考えましょう。

Section 20

「私」より「公」を優先する社員になれ

朝礼で若い女子社員がきつい口調で言いました。「燃えるゴミと燃えないゴミを一緒に捨てないでください。みなさんは、たかがゴミと思って分別しないで適当に捨てているのでしょうが、それは『公私混同』だと思います」

突拍子もない論理の飛躍に、男子社員たちは「ク、ク、ク」と笑いを噛み殺しました。「ほー、すばらしい！」と社長が発言しました。「折原さんの言うとおりです。ゴミを分別しないのは、物事をきちんと区別できないということです。こういう人は人のものと自分のもの、会社のものと個人のものの区別ができない人です。まさしく公私混同です」。男子社員は笑いを引っ込めて下を向いてしまいました。そのバツの悪そうな様子は、ほとんどの男子社員がゴミの分別をしないで捨てていることを物語っていました。

社長が指摘したとおり、この会社では小さい公私混同が頻繁に行われていました。会社のコピー機で私用コピーをする、ハガキ・切手・便箋・封筒・

事務用品を私的に使う、仕事で外出したついでに自分の用事も済ませる、外出した営業マンは喫茶店やサウナで長時間、油を売っています。会社から預かっている車で土・日にドライブをする社員もいます。

先日も社長は不愉快な場面に出会いました。トイレの帰りに何気なく社員の肩越しにパソコンのディスプレイをのぞきました。温泉の露天風呂が映っているではありませんか。仕事がらみで露天風呂が出てくることなどありえないのです。おそらく休日に出かける家族旅行の下調べか何かをしていたのでしょう。

この社員は勤務時間中に社長の前で堂々と公私混同をしていたのです。以来、社長はその社員を信用しなくなりました。

幕末の偉大な指導者、吉田松陰《よしだしょういん》はその清廉潔白な人格で人々から尊敬されました。松陰には天下国家のための「公」しかありませんでした。「私」を完全に殺した人生を歩みました。その松陰の人格を作り上げたのが叔父であり、師である玉木文之進《たまきぶんのしん》です。玉木の松陰に対する教育方針は「一点の私情もなしに、公に奉公する人間にする」だったといいます。

まだ少年の頃、松陰は読書中に、蝿が飛んできたので思わず顔を掻《か》きました。それを見て玉木は松陰を死ぬほど殴りました。聖賢の書を読むのは「公」であり、顔を掻くのは「私」である。そんな公私混同をする者は大きくなって必ず自分のために汚いことをしてしまう。松陰を教育する根幹に関わることなので、口で教えるくらいでは身に染みないだろうから、厳しく体に叩き込んだのです。吉田松陰の高潔な人格は、こうして作られていきました。

私たちも、玉木文之進や吉田松陰の優れた品性を学びましょう。そのため燃えるゴミ、燃えないゴミをいつ、いかなる場合もきちんと分別して捨てましょう。これができればお金や物や時間の公私の区別をはっきりつけられるようになります。「私」よりも「公」を優先する社員になりましょう。

第3章
ビジネス能力

You can get the strangest secret for Success

Section

21 お願い口調でも命令は命令（命令①）

部下に対する上司の指示命令の出し方は、大きく二つのパターンに分かれます。

一つはやさしい言い方です。「山本君、港商事にこれを納品してくれませんか」「下條さん、もう一度直し、お願いします」「これをやっておいて欲しいんだけど」。こうしたソフトな言い方の指示命令を〝お願い命令〟と呼びましょう。

もう一つはズバリ命令型で言う言い方です。「井上君、報告がない、報告しなさい」「いいな、絶対に八時までに仕上げろよ」「何やっているんだ、もたもたするな、早く行け！」。こうした厳しい言い方の指示命令を〝高圧的命令〟と呼びましょう。

あなたの上司はどちらのタイプでしょうか。われわれの経験からの実感では、90％がお願い命令で10％が高圧的命令です。圧倒的にソフト口調が多いことになります。

軍隊やダムの建設現場などではこれが逆になり高圧的命令が90％になります。ということは高圧的な命令は戦争のような緊急の場合や危険が伴う仕事の場合に多く使われ、一般の会社の中では上司が怒っているときや危険が差し迫っているとき以外は滅多に使われないと考えてよいでしょう。

なぜ、会社ではお願い命令が一般的なのでしょうか。それは部下をいたずらに萎縮させたり圧迫したりしないで、気持ちよく仕事をしてもらいたいからです。

お願い命令には欠点があります。やさしく仕事を頼まれた部下は文字どおりお願いをされたような気分になります。「いいですよ。やってあげます」などという態度を取りがちです。やってもやらなくてもいい、それを決めるのは部下自身であるかのような錯覚をします。忙しければ断わっても許されると誤解します。実際に「えっ、今忙しいんですが」と上司の命令を断わる人も出てきます。もし、上司が「そうか、仕方ない。じゃ誰か他の人にやってもらおう」などと出した命令を安易に引っ込めるならば、部下は上司の命令を軽視し、上司をなめるようになります。

お願い命令であれ、高圧的命令であれ、仕事を命じた上司には責任があります。部下が仕事を失敗させたとしても、会社は部下には小さい実行責任しか負わせることはできません。「申し訳ありませんでした」と謝らせることくらいしかできないのです。一方、上司に対しては会社は厳しい叱責を加えます。評価を大きく下げます。降給、降格といった厳罰に処することもあります。このように命令が実行されなかったり、実行しても成果が芳《かんば》しくない場合は、上司がその責任のほとんどを負うことになるのです。

言い方がやさしかろうときつかろうと、命令は命令です。命令に従うのがビジネス社会の掟です。たとえ、やさしい〝お願い命令〟でも、あなたは軽く受け止めてはいけません。上司の命令には納得できなくても従いましょう。「いやだなあ」と思ってもいやな顔をしないで「はいっ」と返事をしましょう。

Section

22 命令の受け方次第で回ってくる仕事が違ってくる（命令②）

「命令」という言葉を聞いただけで、拒否反応や反発心を持つ人がいます。あからさまに、「オレは命令なんかされたくない」と言う人もいるでしょう。命令の対義語は本来ならば「報告」ですが、この人にとっては命令の対義語は「服従」なのでしょう。だから服従を強要されるのはいやだと思うのです。

同期入社で三年目の鈴木君と田中君。鈴木君は優秀で同期の中では目立つ存在です。鈴木君は難しい仕事もそつなく器用にこなしてしまうので、上司も重宝しています。一方の田中君は頭が固く、行動が遅いため、一つの仕事をこなすにも時間がかかります。上司は重要な仕事は田中君には命じません。

ただし、田中君にもいいところはあります。仕事を指示されると、明るく「はいっ」と返事をして即実行する点です。鈴木君は仕事を頼まれるたびに「オレにふさわしい仕事か、オレがやらないと困る仕事か」と値踏みをするようになりました。雑用や単純な仕事だと「えっ！　今忙しいんですよ」「そんな仕事は田中にやらせてください」と、断わったりするようになりました。

上司は次第に鈴木君の存在が煙たくなりました。仕事を任せる機会も目に見えて減ってきました。その分、田中君の出番が多くなりました。遅いし、ミスが多いので、しょっちゅう叱られています。しかし、どんな仕事でも「はいっ、かしこまりました」と受ける気持ちのよい態度は変わりません。上司のマンツーマンの指導を受け、田中君はミスが減り、仕事のスピードも出てきました。

一年後、鈴木君と田中君は実力も上司の評価も逆転していました。

あらゆる仕事は、上司の指示命令によって発生します。部下が実行し、何らかの結果を出します。それを上司に報告します。上司は部下の仕事を評価します。仕事はこのサイクルを繰り返しながら、前へ前へと進んで行きます。上司の部下に対する指示命令が、すべての出発点です。

一つの仕事があります。誰かに任せる場合、上司は何を基準に人を選ぶでしょうか。能力を見ます。その仕事に対する部下の適性を見ます。今、部下が抱えている仕事の質量を見ます。これらを勘案して誰に任せるかを決めます。

おっと、もう一つ、きわめて重要な基準がありました。上司は〝指示を出しやすい〟部下に仕事を任せるのです。とりわけ、おもしろい仕事、やりがいのある仕事は、気持ちよく指示命令を受ける部下にやらせたくなるのです。

仕事が人を育てます。これは事実ですが、本当に成長するためには、いい仕事に出会うことが大切です。いい仕事とは新しい仕事、大きい仕事、困難な仕事のことです。毎日コピーを取る仕事ばかり三年続けても、コピーの取り方がうまくなるだけで、総合的な仕事能力は向上しません。

上司の命令に対して素直に従う姿勢態度を失った鈴木君は成長が止まりました。初めは出遅れていた田中君は〝上司の命令を受ける態度〟がよかったため、ぐんぐん伸びて鈴木君を追い抜きました。上司の指示命令はどんな仕事でも喜んで引き受けましょう。

Section

23 納得できなくても従うのが命令（命令③）

かつて当社に三十二歳の中途入社の社員がいました。上司から仕事の指示をされると、鳩が豆鉄砲を食らったように目を見開いてきょとんとしています。そしてその後、決まって「なぜですか」と尋ねます。時には「……と言いますと？」といかにももったいぶった聞き方をします。

最初の頃は上司もこの部下の質問癖に付き合い、命令の理由や背景などを説明していました。しかし、半年経っても、「なぜですか」がなくなりません。上司が答え、それに納得しないと仕事に取り掛からないのです。毎日、一人の部下と延々と問答をしているわけにはいきません。「ぐずぐず言っていないですぐやれ！」と叱りますが、それでも動きません。上司は熱くなり、「黙ってやれ！」「すぐやれ！」と怒鳴り、ついには「ばかかお前は！」と人格を傷つけることまで言いました。プライドの高いこの社員は心を傷つけられて結局辞めていきました。

会社は軍隊と同質の〝目的遂行型戦闘組織〟です。会社の目的は存続と繁栄。そのためには、売り上げを伸ばし、利益を出させなければなりません。目的遂行型戦闘組織では上意下達の命令系統が生命線です。上が出した命令を下が忠実に行えば成果が上がります。

アメリカの戦争映画などによく、上官の命令に対して部下が納得できないという表情をする場面があります。最後に部下は「それは命令ですか」と聞きます。上官が「そうだ」と答えると部下は「わかりました」といって命じられた仕事を実行します。

部下にとって命令とは、納得できなくても、どんなにいやな仕事でも、黙って受け入れなくてはならないものであることを、この場面は端的に教えています。この「命令服従の原則」は、どこの国の会社でも厳格に行われています。この原則が守られないと、目的を達成することができないからです。

会員制のクラブや町内会などは、軍隊や会社とは性質が違う組織です。こうした組織には命令はなく、話し合いと民主的多数決で運営されています。組織の目的が死活に関わらない穏やかなもので、戦闘組織ではないからです。

会社に勤める人は、「自分は目的遂行型戦闘組織に所属している」ことを認識しなければなりません。「上司は命令する権限を有し、部下は命令を実行する義務を有す」というルールを弁《わきま》えていなければなりません。

上司が仕事以外の命令や、「盗んでこい」「だましてこい」といった法に触れる命令をしたなら、敢然と拒絶してよろしい。こうした正当な理由がない場合はどんな命令も拒否できません。いやな仕事でも、できそうにないと思っても、なぜそんなことをさせられるのか納得できなくても、「はい、かしこまりました」と受けなければなりません。

人は納得しないと心から動かないもの、このことを上司はよく知っています。ですから時間にゆとりがあるときは上司は命令の理由を説明します。しかし、命令は急ぐ場合や説明しても納得が得られない場合が多いのです。話し合いや説明説得は無駄であり邪魔な場合が多いのです。

優秀な社員はどんな命令にも「はい」と従います。その仕事をしているうちに「なぜこれをしなければならないのか」「なぜ自分が命じられたのか」がだんだんわかってくることを、これまでの経験から知っているからです。

Section

24 上司の指示命令を復唱せよ（命令④）

あなたは上司から指示命令を受けるときに、復唱をしていますか。この質問に「はい」と答える人は、どれくらいいるのでしょう。ピカピカの新入社員の場合は約70％います。それが半年後には50％、一年後には30％に減ります。社歴五年ともなれば、10％にも満たない数字になります。

新入社員は「命令を復唱しなさい」と教育されるから割合が高い。どんどん数字が下がっていくのは、部下が復唱なんか面倒くさいと思ってしなくなるからです。また上司がそれを許してしまうからです。

上司が指示した言葉をオウムのように言い返す復唱は、あまり格好のよいものではありません。軍隊や自衛隊における上官と部下のガチガチの上下関係を連想させます。お互いに窮屈な感じになります。だから上司も部下に「復唱しろ」とうるさく言わなくなるのです。

復唱が無用の長物なら、なくてもかまいません。しかし、復唱は決して無用の長物ではありません。

上司は指示を過不足なく正確に出す力がありません。部下は上司の指示を誤りなく正確に受け止める力がありません。そのため、指示命令が正しく実行されません。間違いやケアレスミスが多発しています。毎日どこかの部署で「言った」「聞いていない」のもめ事が起きています。時間と労力とお金が無駄に浪費されています。上司と部下の人間関係が悪くなっていきます。これをカバーするのが復唱です。復唱は必要不可欠な大事なものです。

知人の元自衛隊幹部が「命令に対する復唱は、人間は間違いを犯すという前提に立った安全弁なのです」と語っています。自衛隊員は国と国民の生命を守る任務を背負っています。上司の命令は、国家の命令です。故に一言一句おろそかに聞くことは許されません。たとえば、「明日午前十時に市ケ谷へ行ってくれ」と指示を受ければ、「はい、明日午前十時に市ケ谷へ行って参ります」と復唱します。

元自衛隊幹部は、復唱の意義を四つ挙げてくれました。

①指示命令や情報の伝達が正しく行われたかをその場で双方が確認できる。
②部下は自分の聞き漏らし、聞き間違いをその場で発見できる。
③上司は自分が出した指示命令の正当性をその場で確認できる。
④言い足りなかったこと、聞き足りなかったことをお互いにその場で補い合える。
さらにプラスアルファの情報をその場で交換し合える。

以上の四つです。元自衛隊幹部はこう付け加えました。「今の四つの中に共通する言葉があります。『その場で』という言葉です。これこそ復唱の命です」

そうです。〝その場〟の変更や修正ならば時間も労力もお金もかかりません。もし、かかったとしても小さい損失で済みます。復唱が大事だと思う社員になりましょう。復唱できる社員になりましょう。常にその場で復唱する社員になりましょう。

Section 25

あなたが会社の生命線を握っている（報告①）

一般的に、部下は上司の目に見えないところで仕事をしています。セールスや物流に携わっている人を考えればわかることですが、末端の現場ではほとんどが一人で仕事をしています。

ところで、上司は部下の仕事ぶりをみて、問題点や改善すべき点を指摘し、指導して仕事の効率を高めるのが仕事です。つまり部下の仕事ぶりを把握するのが上司の仕事の第一歩なのですが、現実には部下に付きっ切りでいちいちその行動を直接、見ているわけではありません。そんなことをしていたら仕事になりません。そこで部下からの報告だけが頼りになるわけです。部下からの適切な報告があって初めて管理者としての仕事ができるのです。部下からの報告がなければ陸に上がった河童同然、管理者はなす術がありません。仕事でいい結果、高い成果を出すには、部下からのきちんとした報告が必要欠くべからざるものになります。

報告には二つの重要なポイントがあります。

第一に、報告は新鮮であること。

新鮮とは、情報が新しいということです。担当者との何気ない会話の中に、顧客サイドの重要な要望とか、制度の変更といった大事な情報が潜んでいることがあります。こうした情報が上には上がってきません。たとえば、「おたくの商品、最近あんまり評判よくないよ」といったクレームとまではいえない指摘があったとします。これを上司に報告する営業マンは滅多にいません。大したことではない、自分には関係ない、今度ついでのときに報告しようと思っているうちに忘れてしまいます。「しっかりしないと、他社に乗り換えるよ」とお客様は警告を発しているのです。一大事と感じて報告するのがベストですが、お客様の発言が「変だな」「おかしいことを言うな」と思ったら、上司に笑われてもいいから直ちに報告する。これは誰でもできることです。事が発生した時点で、素早く適切な報告がなされていれば、早め早めの対策が施され、損失を免れ、あるいは最小限に食い止めることができます。

第二に、報告は正確であること。

言うは易く行うは難しの典型が、正確な報告です。悪い報告はしない。自分の不利になる報告は隠す。事実を曲げる。責任転嫁をする。すぐに報告しない、意識して遅らせる。こうした報告は上司の目を曇らせ判断を鈍らせます。状況が悪いのに「順調です」と報告されれば、当然打つべき対策が立てられません。事態はどんどん悪くなります。大企業の自動車メーカーや家電製品メーカーが、人命に関わる欠陥商品を出して社会を大混乱に陥れた事件がありました。こうした事件の発端はほとんど例外なく、正確な報告が上になされていないことにあります。

ここであなたは意識を変えなければなりません。現場の最前線で仕事をしているのはあなたです。会社の将来を左右する重要な情報は、現場にあります。現場こそ宝の山です。あなたが会社の生命線を握っているのです。あなたは毎日、見聞きし、体験したこと、気付いたことを早く正確に報告する社員になりましょう。

Section

26 結果報告と中間報告(報告②)

新人の頃は、任された仕事がどんなに些細なことであっても、「コピーを取り終わりました」「外の掃除終了しました」と逐一報告したものです。あなたは内心では〝ばかばかしい〟と思いながらも、それを守りました。「用事が終わったら必ず報告しなさい」と教え込まれたからです。

中堅社員になり、ある程度仕事に慣れてきて、任される部分も大きく広くなってきました。すると「復唱」と同じ兆候が出てきます。報告が少なくなり、まったくしない人まで現われます。あなたはいつの間にか、報告は仕事の付録ぐらいに軽く考えるようになっていました。

報告は仕事の付録ではありません。作る、売る、サービスを提供するといった実際の仕事そのものと同等か、あるいはそれ以上に重要な任務なのです。

ある社長は言います。「仕事はできるが報告をおろそかにする人と、仕事はできないが報告をきちんとする人がいます。どちらが伸びるか。それは間違いなく報告をきちんとする人です」。なぜでしょう。失敗してもできなくても、報告があれば、上司は教えたり助けたりすることができます。仕事の軌道修正が早く正しくできます。ですから報告する部下は伸びるのです。

故にあなたは、次のことを実行しましょう。

①報告は求められる前に、自分から行いましょう

仕事は終了報告があって、初めて完了します。あなたは言われたことはやったから仕事は完了したと言うかもしれません。それは独り善がりです。上司はあなたから報告がない以上、その仕事は続行中と判断します。

上司はあなたの報告を待っています。じりじりしながら「まだか、まだか」と待っています。指示された仕事が終わったら、時間を置かずに終了報告をしましょう。上司が忙しそうでも、遠慮はいりません。部下の報告を聞くのは上司の重要な任務です。時間が取れないようなら「○○の件、終了しました」だけでいいのです。また、上司が不在のときは、メモ書きや携帯電話、メール通信で報告しましょう。

②中間報告、状況報告をこまめにしましょう

終業時、社員が退社しようとします。上司が呼び止めます。「あの件、終わったか」「いえ、まだです」「どこまでできているの」「すいません。仕上がってから報告しようと思ってたんですけど」。これは報告失格です。

終了するまで報告はいらないと勘違いしてはいけません。上司は部下に任せた仕事の進捗状況を常に正しく把握しておきたいのです。あなたは上司から求められなくても、自分から中間報告をする社員になりましょう。

・仕事がひと区切りついたとき
・予期しないことが起きたとき
・予定より長引きそうなとき、翌日まで持ち越しそうなとき
・結果の見通しがある程度ついたとき

以上が中間報告のタイミングです。

Section
27 結論から先に、具体的に（報告③）

自分の部屋や自分の机が乱雑になっている人は、整理整頓能力がない人です。この人は報告も下手。上司から「君は何を言っているのかわからない」と叱られます。頭の中がごちゃごちゃで整理整頓されていないからです。整理された報告をしましょう。その心得を三点。

①初めに結論を言いましょう

上司をいらだたせる報告の一つに〝結論行方不明報告〟があります。経過や状況の説明がくだくだと長いのです。言い訳や弁解が随所に散りばめられています。お客様を悪者にし、あるいは自社の商品やサービスの欠点も盛り込みます。自分がどんなに苦労したか、精一杯努力したのか自己宣伝も含まれています。上司は次第にイライラしてきます。我慢の限界がきて言います。「で、どうだったの？　結論を言いたまえ！」

結論がなかなか出てこないのは、結果が思わしくない場合と、逆に予想以上の好結果が得られた場合の両方があります。前者は上司に叱られるのが恐い自己弁護の心理です。後者は上司を驚かせたい、充分に褒めてもらいたいという心理です。報告は、まず結論からです。経過や状況など枝葉の説明は後回しか省略です。上司から求められたら行うものと考えましょう。なぜなら仕事は結果の積み重ねによって前に進んで行くものだからです。

②箇条書き式に報告しましょう

「商品Aを日本タイム社から単価一万八千円で、これは10%値引きしたんですが、五百セット受注しました。数がまとまったので、課長の許可を得てOKしました。先方への商品の納入期限は六月十六日の午後一時までだそうです。七月十日に小切手で支払ってくれるそうです。以上です」

悪い報告ではありません。これを、次のように加工したらどうでしょうか。

「日本タイム社から受注。①商品A、五百セット。②単価一万八千円、10%値引き。課長の許可済み。③納期、六月十六日十三時。④回収、七月十日小切手。以上」

このほうがスッキリして、わかりやすい。口頭報告ではとかく余計な言葉が加わって、明快さが失われがちです。報告内容を箇条書き式に整理して簡潔に伝えましょう。なお、これはメモや報告書の場合にも応用できる技術です。

③数字・数値で具体的に報告しましょう

まずい報告の典型が抽象的な表現です。「まずまずでした」「一生懸命やったんですが、あまりうまくいきませんでした」。これでは何のことか、さっぱりつかめません。仕事をしていないと見なされても仕方ありません。「長野県全ユーザー三百社に新商品の案内をしました。電話で後追いをし、決定が二社、検討中が五社です。そのうち三社は確率80％、残り二社は30％の見込みです」。これが具体的報告です。

情緒的言葉を数字に置き換える思考トレーニングをしましょう。状況を数字で把握する技術を身に付けましょう。「とても多くの人」ではなく「五百人くらい」、「だいたい終わりました」ではなく「80％終了」というように数字や数値で表現する習慣を身に付けましょう。

Section
28
悪い報告を真っ先に（報告④）

ある社員が新商品開発の指示を受け、完成させせました。しかし、全部で十ある工程のうち八番工程がうまくいきませんでした。不良品になる可能性に気付きましたが、今さら後戻りもできず、上司に報告しませんでした。やがて一万個の新商品は市場に出回りました。たちまちクレームが殺到し、会社は大ピンチを迎えました。

悪い報告には守らなければならない原則が二つあります。事実を正確にかつ詳しく報告すること、そして気付いたその場で〝すぐに〟報告することです。

社員が八番工程の不良の可能性を報告していたら、上司は出荷を延期するでしょう。原因を突き止め、対策を講じるでしょう。ネジを一本増やすだけで改善されるものかもしれません。そうであれば一万個の新商品は無駄にはなりません。小さい損失で済みます。根本的にダメな場合もありえます。出荷停止、一万個の商品は廃棄されるでしょう。それでもお客様や市場での信用を失うことに比べれば、はるかに損失は小さく済みます。

悪い報告を躊躇するのは、雪山を下り始めた石ころを見逃すのと同じです。あっという間に膨れ上がり、雪崩となって村全体を呑み込んでしまうのです。

大企業が欠陥商品を世の中に垂れ流したために、存続の危機を迎える大事件が続発しています。その元をたどれば、原因はほとんど共通しています。それは現場の社員や管理者が悪い報告をしない、遅らせる、気付いても知らん顔をするという、きわめて初歩的な〝怠慢〟もしくは自己保身の本能です。

失敗や思わしくない状況を、いつも真っ先に報告する社員がいます。「社長、まずいことが起きました」が口癖です。そのたびに社長もいやな顔をします。社員はかまわずことの仔細を冷静に、客観的に報告していきます。次第に社長も真剣に聞く姿勢になります。「よし、わかった。お客様への対応は私がやる。工場に代替品の制作を急がせてくれ。その調整は、君がやってくれ」と、社長も重い腰を上げざるを得ません。いつもこの調子です。

この社員、社長から見ると不愉快な人間です。実は違います。社長は言います。「おいしい報告を持ってくる社員ばかりだったら私はいい気分になってだんだん腐ってしまいます。あの男はまずい報告ばかり私に食べさせます。私は『まずい』と言って吐き出すわけにはいかない。自ら動いて問題解決しなくてはならない。私の経営力が錆び付かないのはあの男のおかげです」

現実の仕事には失敗や手違いがつきものです。そんなとき、私たちは自分を守りたい心理にかられます。恐い社長や上司を前にするとなおさらです。だがここで勇気を奮い起こすのです。後になって大損害になり、進退問題になることもあります。今なら叱られるだけで済みます。失敗は今すぐ報告しましょう。

Section
29 自分の考えと提案を付け加える（報告⑤）

報告は〝事実を客観的に〟が原則です。これができれば八十点合格です。残り二十点は現場で仕事した当事者が感じたこと、考えたことです。これは現場を見ていない上司にとって、これからの仕事を進める上で参考になります。事実を報告した後に自分の感じたこと、考えたことを付け加えましょう。その際の注意点を三つ。

①事実と主観をはっきり分けよう

「伊藤博文《いとうひろぶみ》は、日本で一番偉大な総理大臣でした」という報告があるとします。この報告をあなたはどう評価しますか。これは下手な報告です。なぜか。事実ではないからです。〝一番偉大な〟という表現は、報告者の主観です。「伊藤博文は、日本で一番最初の総理大臣です」。これは万人が認める事実です。事実と主観をごちゃごちゃにしてはいけません。

これと似たようなことは、日常の報告の中で頻繁に発生しています。「アート社の社長は派手好きです」と上司に報告します。上司はあなたの主観を鵜呑みにして誤った先入観を持つかもしれません。「アート社の社長はスーツはアルマーニ、時計はロレックス、車はロールスロイスです。美術品の蒐集《しゅうしゅう》が趣味だと言っていました。派手好きな人ですね」。この報告は事実を中心にしているので信用度は高い。上司は〝この社長は単なる派手好きではなくて、本物志向の人なのだろう〟と判断するかもしれないからです。

②その場逃れの楽観論は慎もう

主観と似たものに、希望的観測があります。好ましくない報告の中で「まあ大丈夫だと思います」とか「何とかなるんじゃないでしょうか」と、事態のまずさをぼやかすのです。これも上からの評価を下げたくないという防衛心の表れです。それでうまくいかなかったら、どう責任を取るのでしょうか。後ですぐはっきりする希望的観測は慎むべきです。

③「次はこうする」という提案を報告に加えよう

今終わった仕事と次になすべき仕事は、密接に結び付いています。たとえば一つの新製品を市場に出したなら、その時点で次のより新たなる製品の開発に着手しなければなりません。したがって、仕事がまだ完了していない今の段階で次になすべきことが頭の中にはっきり浮かんでいなければなりません。「次に何をすればいいか」が出てくる人は思考力のある人です。行動力のある人です。つまり、仕事ができる人です。上司が頼りにする部下です。

仕事は常に〝次はどうする〟の連続であり、集合体です。上司は、あなたの報告に対して、必ずこう聞いてきます。「これからどうすればいい？」「次は何をするかね」と。そのときに「わかりません」では失格です。「はい、次はA案もしくはB案を考えています。私はA案で行きたいのですが」。こう答えられる社員になりましょう。

Section

30 よい報告書を作る四原則（報告⑥）

報告には、口頭による直接報告と文書や電子メールによる間接報告がありま す。口頭での報告も難しいですが、不足分や不明点を上司がその場で質問してくれるので短時間で完了します。文書での報告は口頭報告より難しい面があります。

報告書の作成にはコツがあります。その大事なポイントは次の四つです。

①読み手が読みやすい文章を書く

報告書は日記や手記などの私文書ではありません。日記は自分だけにわかる文字や文章で書いてかまいません。人が読んでわからなくてもいいものです。報告書は公文書です。他人に読まれることを前提にして書くものです。報告書を提出した時点で自分の仕事が終わったと勘違いしている人も少なくありません。しかし、受け取った側が報告内容を正しく理解しなければ仕事は終わっていないのです。したがって、文章は内容が充分理解できるレベルのものが要求されます。何回読んでもよくわからない文章はいけません。独り善がりの表現をなくし、読みやすい文体、用語を使ってわかりやすい文章を書きましょう。

②簡潔にまとめる

報告書は本人と上司が事実をお互いに正しく把握できることが最重要です。そのためには文章でなく、単語の羅列だってかまわないのです。5W3Hつまり、When(いつ)、Where(どこで)、Who(誰が)、What(何を)、Why(何のために)、How(どのように)、How many(どれくらいの数量)、How much(金額やコスト)の要素をきちんと満たした簡潔なまとめ方をしましょう。

③正確に事実を書く

「まあまあ」「かなり」「多い」「少ない」といった曖昧な表現は使わずに、「70％」「二十点」「五十人」というように数字で表現しましょう。当然ながら、金額や数字を扱う報告書においては特に正確さが命です。数字は一桁一桁確認するとともに、必ずデータで裏付けされたものであるということが重要です。ここで気を付けたいのは、事実と意見を混同しないことです。私たちはとかく主観や希望的観測を、あたかも確定した事実のように書いてしまいがちです。事実と意見は、はっきりと分けて書きましょう。

④効率よく作成する

報告書の作成に何時間、さらには何日もかけている人を見かけます。時間の無駄遣いであり、コスト意識が欠如していると見なされます。報告書はだらだらと作成せず、「五分で仕上げる」「十分以内」と時間を決めて一気に仕上げなければいけません。自分で判断できない場合には、報告書の提出期限を上司にしっかりと確認しましょう。

以上の四点をまとめます。「簡潔、明瞭、読みやすく。事実を報告、そして素早く」このキーワードに従って報告書を作成しましょう。

第 4 章

仕事能力

You can get the strangest secret for Success

Section

31 雑用能力＝仕事能力

社長が総務課の若い係長に、見取り図を示して社内デスクの配置換えを命じました。係長は浮かない顔で「私のところには、雑用ばかり回って来ます。これからもこんなことが続くんでしょうか」と尋ねました。

社長はかちんときました。「雑用のどこが不満なんだ。総務は雑用部隊で、君は雑用係長だ。それにね、社長の仕事は雑用ばかりだ。私は雑用社長だ。そう思わないかね」

係長は「そうですか、では考えさせていただきます」と答え、翌朝辞表を出してきました。社長はあまりにもばかばかしいので、引き留めの説得など一切せずに、その辞表を受け取りました。

社長の言ったことは本当です。総務、経理、管理などスタッフ部門はすべて雑用専門職です。では作る、売る、運ぶ、接客サービスをするといったライン部門はどうでしょうか。ラインの仕事は実績が直接、数字となって表れる花形部門です。しかし日々の業務を丹念に観察すると、ラインも雑用に追われています。つまり会社は雑用の集合体なのです。山のような雑用をいかに合理的に効率よく処理していくかによって、強い会社と弱い会社に分かれるのです。

その人の雑用能力がどれくらいかを測定するゲームがあります。運動会の競技のように行います。

椅子の上に百枚のコピー用紙（ハガキでもお札でも同じ形の紙なら何でもよい）を置きます。これを参加者の人数分用意します。参加者をスタートラインに着けて、測定者が「あの紙を数えて、二十七枚、十七枚、七枚の三つの束を作ってきれいに揃えてここへ持って来てください。ヨーイドン」と号令。参加者は一斉に椅子に走って行き、紙を数え揃えて、測定者のところへ持ってくる。これだけのこと。

銀行員がお札を数えるように紙をずらして二枚あるいは五枚ずつまとめて数えることができる人は早い。しかし、これができる人は滅多にいません。一枚ずつ数え、数え直します。遅い。枚数を間違える。早い人は二十秒で完成して持ってきます。遅い人は一分半かかります。

二十秒の人は雑用能力優等、一分半の人は劣等です。劣等の人はどんな雑用をしてもうまくできません。つまり仕事ができません。

では雑用能力が劣る人はどうすればこの能力を伸ばせるでしょうか。以下の三点を心掛けてください。

①早い人、できる人のまねをする

雑用には手順方法があります。ここで紹介した紙の数え方ひとつにしても手順方法を知っていれば、正確で早い作業ができます。社長や上司など優れた人のやり方をまねします。「こうしたほうが早いし、後で確認もしやすいよ」と言われた方法をまずは素直にやってみましょう。

②手足と体を使って処理する

雑用が苦手な人は、頭の中で考え、机の上で理屈をこねたがります。雑用は行動です。もちろん上手なやり方を考えなければいけませんが、考えすぎて行動に移せないのは最悪です。電話をします。立ち上がります。外に出ます。人に会います。道具を手に取ります。億劫がらずに体を動かします。まず手足を動かしましょう。雑用上手は動きながら考える人です。

③気付いたらすぐ行動する

雑用は職場に無限にあります。あなたには感覚があります。視覚、聴覚、嗅覚……。「汚れている」「乱れている」「暑い」「寒い」「うるさい」「くさい」「遅い」。感じたなら、そこに「雑用」があります。汚れていたらきれいにしましょう。乱れていたら整理整頓しましょう。同僚が忙しそうにしていたら手伝いましょう。商品が少なくなっていたら補充しましょう。八方に気を配りましょう。気付いたら直ちに実行しましょう。喜んで、先頭に立って動きましょう。

雑用がいやで会社を辞めた係長はその後どうしたでしょう。一人で商売を始めました。朝から晩まで雑用に追われました。一年後、社長あてに「あのときの私はどうかしていました。間違っていました」という手紙が届きました。

Section

32 簡単な仕事こそ、よく考えよ

上司に「大阪に出張するから、東京からの新幹線の切符を買っておいてください」と頼まれたとします。あなたはこの仕事を完璧にこなせるでしょうか。この仕事を実行する前に、あなたの頭の中に次のような疑問点が浮かんできます。

・いつの切符を買えばよいか。
・いつまでに切符を入手すればよいか。
・どこまでの切符か。特急券は新大阪までとして、乗車券はどこまでを買えばよいか。
・片道でいいのか。往復か。
・誰が行くのか。上司一人か、同伴者がいるのか。
・新幹線はのぞみか、ひかりか。グリーン車か指定席か自由席か。

・買ってきた切符はすぐに上司に渡すのか、上司から催促されるまで預かっておくのか。

これらの点を一つひとつ潰していけば、仕事のアウトラインが明確になります。

しかし、これだけでは新入社員の仕事の仕方です。本当に質の高い仕事をするためには、これだけでは足りません。よく考えればこんなに出てきます。

・上司の望む時間の切符が取れないときはどうするか。次の列車でもいいのか。一時間早い新幹線でもいいか。あるいは飛行機にするのか。

・席は窓側がいいか、通路側がいいか。ドアに近い席がいいか、車輌の真ん中辺りがいいか。ドアに近いところは乗り降りは便利ですが、人通りが頻繁で落ち着けなかったり、風が吹くといった欠点があります。

・席は進行方向の右と左のどちらがいいか。ある商社では外国人を乗せるときは、東京から大阪方面に向かう車輌の右側の席を手配するそうです。富士山がよく見えるようにという配慮です。
・複数の人が行くなら、場合によっては席がばらばらに離れてもよいか。
・仮に泊まりの出張の場合はホテルの手配をどうするか。ホテルの場所はどの辺りがよいか。宿泊料はいくらぐらいのホテルがよいか。禁煙ルームか、喫煙ルームか。朝食は付けるか、付けないか。

「新幹線の切符を……」という雑用でも、よく考えればこれだけの配慮が必要です。

「はい、わかりました」と返事をして飛び出す人は、質問の電話を何度も入れて、上司を辟易させることになります。

仕事ができる人は「切符を……」と言われたら、すぐにここで挙げたような疑問点を思い付き、メモに書き出して上司に確認をします。時には上司本人すら思い及ばなかったことを質問することによって、上司から「よく気付いてくれた」と感謝されます。どんな仕事でもよーく考えれば、おもしろくなるものです。

Section 33 言葉を増やし、言葉を磨く

「高橋君、この間、頼んだ資料、できたかな？」

「はい、これです。」

「ああ、ありがとう……何だこれは。誰が牛のことを調べてくれと言った。私は中国の孔子について調べて欲しいと言ったんだ」

「はい、ですから中国の子牛について調べたんですが……」

「子牛じゃない、儒学の祖と言われる孔子だ。君は孔子の名前も知らないのか」

「はあ……」


低俗なジョークではありません。これは、私の知人が体験した実話です。

人間はものを考える生き物ですが、その考える力の土台は言葉です。言葉を探し、選び、言葉と言葉を組み合わせることによって、私たちは〝自分の考え〟を作っていきます。知っている言葉、あるいは自在に使いこなせる言葉の数が多ければ多いほど、思考は深く広くなります。言葉の数が少ないと、「こ

うし」と聞くと「子牛」しか出てこない高橋君の頭のように思考が浅く狭くなります。相手の言っていることがわからなかったり、会話が成立しなくなります。

ビジネスの世界では言葉を知らないと多くの弊害が生じます。指示、命令、報告、連絡、相談、伝達、打ち合わせ、交渉など、あらゆるコミュニケーションが円滑に進まなくなる恐れがあります。伝わるべきことがきちんと伝わらず、間違って理解されます。そして仕事に大きな穴を空けてしまいます。

コミュニケーションが正しく成立するためには、話し手と聞き手の言葉の理解レベルが共通している必要があります。理解レベルに大きい差があると、話は「言葉が通じない。わからせるのにくたびれる」となるし、聞く側も「何を言われているか、よくわからない」状態になります。これでは仕事になりません。

さらにもう一つ、もっと恐いことがあります。言葉を知らない人は考え方が幼稚になり、周りの人から〝軽い〟と見くびられるようになります。

ある会社の四十代の課長と話しているとき、課長が「それってマジっすか。私的にはそんなの関係ねえって感じだね」と中高生かテレビのお笑いタレントが使うような言葉を発したのです。失礼ですが正直なところ〝これでも課長か〟と思いました。そして、その後はもう当たり障りのない話しかする気になれませんでした。言葉を知らない、あるいはＴＰＯをわきまえた言葉を使えないために周りの人から軽蔑されるのは、ビジネスマンにとって決定的なマイナスです。

言葉を増やしましょう。語彙力を磨き、表現力を高めましょう。そのため良質の本を読みましょう。古典、文学、詩、短歌、俳句に親しみましょう。知性と教養のある人の話を聞きましょう。自分が知らない言葉に出会ったら、その場ですぐ辞書を引きましょう。〝調べるのはその場で、すぐに〟がポイントです。後になると忘れるし、面倒になります。片手サイズの電子辞書を携帯することをお勧めします。調べても、忘れます。忘れたら、また調べればいいのです。

Section

34 五回の〝なぜ〟

トヨタといえば、日本を代表する超優良企業です。いや、いまや世界一の優良自動車メーカーです。

なぜトヨタは強いのでしょうか。

トヨタには、トヨタにしかないイズム（主義）があります。その象徴がトヨタ生産方式。トヨタのものづくりの基本原理で、無駄を徹底的に排除して生産効率を引き上げ、コスト競争力を高めようという考え方です。組織ぐるみでムリ、ムダ、ムラを絶滅していこうという体質があります。

後工程が前工程に部品を発注するときに用いる「かんばん」は、世界的流行語になりました。それは必要なものを、必要なときに、必要なだけ調達すれば生産効率は飛躍的に上がる「ジャスト・イン・タイム」の哲学に昇華しました。多くの企業がトヨタを見学し、その哲学を学びました。「行くたびに新しい発見と刺激がある」と見学者たちは口を揃えました。だがそれをまね、トヨタと同レベルの効果を上げた例は、私は寡聞にして知りません。

制度や仕組みを形だけまねてもうまくいかないのです。それを現実に運用する人の質が、最終的に成否を決めます。社員一人ひとりの〝人間的品質〟を高めなければ、いくらよい方法をまねても、仏作って魂入れずに終わります。

トヨタの真の強さは、社員一人ひとりの〝力〟に潜んでいます。かんばん方式産みの親、大野耐一《おおのたいいち》元副社長の唱えた「五回の〝なぜ〟を繰り返せ」に、人づくりの根本思想が集約されています。

問題が起こると「なぜ」を徹底的に繰り返します。たとえば機械が止まる。普通調べると、ヒューズが切れていた。そこで新しいヒューズに取り替える。普通はこれで一件落着です。トヨタは違います。ここから「なぜ」を始めます。なぜ切れた。過重負荷がかかっていた。なぜ。潤滑油の供給不足だった。なぜ。ポンプの汲み上げが弱い。なぜ。軸が磨耗していた。なぜ。濾過器が損傷し、切粉が入った。こうしてなぜ、なぜ、なぜを繰り返し積み重ねて、真の原因である濾過器の交換という結論にたどりつくわけです。

不具合をとりあえず凌《しの》ぐ対症療法でなく、不具合の真因を探り取り除く原因療法の考え方を徹底的に訓練されます。

新入社員に対して上司や先輩は「なぜ、その仕事をするのか」「なぜ、そのやり方をするのか」としつこく、厳しく追及してきます。上司は正解を知っていますが、それを簡単には教えてくれません。考えて考えて、考え抜かせます。こうして全社員が常に問題意識を持ち、他にまねできない〝改善を行っていく風土〟を作り上げているのです。

あなたは上司や先輩に教えられたことや、今までのやり方をただ何となく踏襲していませんか。二十年間変わらない職場慣習はありませんか。それを、すべて疑ってみましょう。なぜそれは行われているのか。そのやり方は今のままでいいのか、もっと別の方法があるのではないか、目の前の現実を否定することから始めましょう。「なぜ」と問い掛けて考えましょう。

Section

35 「指差し称呼」でミスを防げ

入社二年目の浜田君。商品管理部に所属。検品をさせると一分も経たないうちに「できました」。後で別の人がチェックしてみると数が合いません。問い詰めると「あれ、おかしいな。ちゃんと数えたんですが」。梱包作業の後「ガムテープとカッターを片付けておいて」の指示。「片付けました」と報告。誰かが使おうとするとそれらがありません。決められた場所に戻さず、棚の空いたスペースに置きっぱなし。「ポスターを目立つところに貼っておいて」と指示すると、空いているスペースに適当に貼り、他の掲示物とのバランス、見栄えなどを気にしません。そのポスターを貼るセロテープも斜めに貼ったり横に貼ったり、長さもまちまちです。上司はそのつど注意しました。しかし、浜田君の締まりのない仕事ぶりは変わりません。

ある日、業を煮やした上司が「一つひとつの仕事をもっと気を入れてやれよ。やる気あるのか！」と叱りました。浜田君はふくれて「自分には商品管理の仕事が合わないのです。もともと開発が希望だったんです」と答えました。

しばらくして浜田君に異動辞令が出ました。それは企画開発部へではなく、流通子会社への左遷異動でした。

上司には見えていたのです。浜田君の雑な仕事ぶりでは商品開発はおろか、社内のどの部門でも使いものにならないことが。おそらく浜田君は自分がなぜ左遷されたか理解することができないでしょう。


どの会社にも、仕事の雑な人がいます。理由は、二つ考えられます。

一つは、性格のだらしなさです。何をさせてもだらしない。掃除も、整理整頓も、仕事の段取りも、車の運転も、お金の勘定も、すべて雑です。性格ですから教えても叱っても直りません。周りの人は、その尻ぬぐいで右往左往させられます。

もう一つの理由は、自分の仕事に対する責任感の欠如です。昔、大阪の船場は商売の本場でした。未熟者や見習店員が雑な仕事をすると、「この粗悪な品を仕入れたのは浜田一郎です」とか、「この乱雑な商品陳列をしたのは金丸進二です」と大書した紙を貼り出したそうです。当人にとっては〝大恥〟です。そうやって恥をかかせて、仕事に対する責任感を教育したといいます。

以上のように性格のだらしなさと責任感の欠如が雑な仕事の原因です。これを直すのは難しい。どうすればいいでしょうか。

電車の運転手や車掌さんは「指差し称呼」を習慣にしています。自分が今したこと、これからすることを、指を差して確認し、念のため、口に出して「信号青、発車よし」と唱えます。雑な仕事をなくすために、あなたも指差し称呼を行いましょう。それともう一つ、一つの仕事が終わって上司に結果を報告する前に、常に「上司は満足してくれるだろうか」と結果をもう一度、点検する習慣を身に付けましょう。

Section

36 電卓を机の中にしまい、暗算で脳を鍛えよ

祭りの出店から焼きそばのいい匂いが漂ってきます。一杯六百五十円と大書してあります。町の店ならせいぜい四百円というところです。高いなあと思いましたが、一つ注文しました。

千円札一枚と百円玉一枚、十円玉五枚を出しました。さらしにハッピ姿の粋な女性店員は怪訝な顔をしています。そして一言。「こんなにいらない……」

私は小銭を片付け五百円玉一枚、このお釣りが欲しかったのですが、この店員はそれがわからない。「千円でいいじゃん」と口を尖らせました。仕方なくこちらも素直に三百五十円のお釣りをもらい、手元にあった百五十円と一緒に「五百円玉に両替して」と頼みました。まだ得心のいかない表情でしたが、小銭があったほうがお店に都合がいいのはわかるようで五百円玉に替えてくれました。これで一件落着、大した問題ではないのですが、事が面倒になったのは、この店員の計算能力の低さのためです。

かつて世界でトップレベルにあった日本人の数学の学力は、現在、インド、中国、フィンランドその他いくつもの国に抜かれて急低下しています。数学は国語力と計算力の二本柱で成り立っているといわれます。ここでは計算力の低下を述べます。

数学の基礎となるこの計算力のおかげで、いまや欧米諸国や大企業の先端技術研究所の研究員はインド人が占めつつあるといわれています。インドの小学校では19×19までの掛け算を丸暗記させています。教科書は日本の五倍の厚みがあります。

それに対して日本は9×9までです。その9×9さえできない人がいます。先生は電卓が使えれば暗算などできなくていいと無理に覚えさせないのです。このままでは日本人の脳は衰えていってしまうでしょう。

確かに電卓は速くて正確です。しかし、暗算や筆算では難しく絶対にミスの許されない計算なら別ですが、普通に生活や仕事をする上では自分の頭でできる計算で充分です。電卓が必要なのは経理を担当する人、あるいは見積・企画・請求に関する書類をお客様に提出するときくらいのものでしょう。

暗算と筆算に強くなりましょう。二桁の足し算・引き算は、電卓を使わずに計算する。毎日、いつも自分の頭を使って計算する。何より脳は鍛えれば鍛えるほどよくなります。計算力は速さと精度を増します。筋肉が鍛えるほどに太く強くなるのと同様に、計算力もトレーニング、習慣によって高まるのです。

16×35という計算を筆算でやれば遅い人は十秒ほどかかるでしょう。しかし、計算力に長けた人でしたら約一秒です。16×35＝（8×2）×35＝8×（2×35）＝8×70＝560という数式が瞬時に頭の中に出来上がります。そして、これは、日頃の計算する習慣の中から自然と身に付きます。さらにこの習慣は状況判断力、決断力、集中力をも高めていきます。さあ、今日から電卓に頼らず、自分の頭で計算しましょう。

Section

37 マニュアルを極めて、マニュアルを超えよ

「すいませんが白湯をいただけませんか」

「は？　サユ？　うちでは扱っていませんが」

「……」

アルバイトでもパートでも第一線でお客様と接していれば会社の社員と変わりありません。お客様からマニュアルにないことを要求されると、応対できなくなるようでは会社の信用をなくします。従業員は自ら勉強して仕事の能力を磨いていかなくてはいけません。

「物数《ものかず》を極めて、工夫を盡《つ》くして後、花の失《う》せぬところを知るべし」

室町時代初期、能を一大芸術に高めた世阿弥《ぜあみ》の「風姿花伝《ふうしかでん》」の一節です。世阿弥は能の最高の世界を表現することを「花」と言いました。仕事で最高の状態を発揮するのと同じことを意味しています。この花を実現するためには、まず最初に「物数を極め」なければなりません。徹底してさまざまな基本を学

べというのです。仕事には基本となるマニュアルがあります。これをマスターして、そのとおりにできるようにならなければいけません。しかし、それだけでよいかというと、もっと大切なことがあるのです。「工夫を盡くして後」とは、マニュアルを鵜呑みにするのではなく、そこからいろいろと工夫をして状況に応じた対応をしていくときに「花の失せぬところを知るべし」、すなわち常に最高の仕事の仕上がりができるというのです。

今はマニュアルの時代といえます。以前はマニュアルなどなく、経験で一つひとつ仕事のやり方を覚えていきました。このため、しなくてもよい失敗をたくさんしました。辛いこと、悔しいこと、泣きたくなることなどを経験して初めて基本がようやく自分のものになったのです。現在はマニュアルという便利なものがありますから、基本作業を短い時間で正しくマスターすることができます。

ただし、マニュアルは万能ではありません。仕事の〝骨〟です。骸骨踊りではいい仕事にはならないし、お客様を満足させることはできません。骨に血肉を付けなければなりません。マニュアルをマスターしたら、その上に血肉を付ける。すなわち、もっとよい方法はないか、お客様にもっと満足していただくにはどうしたらよいか、考えて工夫することです。

元ヤクルトの古田敦也《ふるたあつや》氏の若い頃の話です。相手チームの投手が投げているとき、ベンチの中で時々「あっ」という声を漏らすのだそうです。その後、何かぶつぶつ言って納得したようにうなずくのです。当時、監督だった野村克也《のむらかつや》氏に言わせると、「古田はベンチにいて相手選手を観察しながら常に何か新しいことを発見しようとしていた」そうです。「あっ」という驚きの声は、古田氏の新たな気付きの証拠だったのです。

感じる力を伸ばしましょう。自分の仕事を振り返ってください。マニュアルどおりにやっても、大きい失敗はないでしょうが、小さい失敗はあります。この小さい失敗を軽く見てはいけません。なぜそうなったのか原因を考えましょう。常に新しい工夫を加えていきましょう。

Section

38 聞き上手になる五カ条

「話し上手、聞き上手に支えられ」は、名人と称えられた落語家、故古今亭志《ここんていし》ん生《しょう》の言葉です。よい聞き手に恵まれると、話し手は頭の回転も舌の回転も滑らかになり、最高の芸を披露することができるという意味です。

話が上手になるのは一朝一夕では不可能です。厳しい稽古と経験が必要です。しかし、聞き上手には誰でもなることができます。それもほんの少しの努力と工夫でなることができます。

聞き上手になるための五カ条は次のとおりです。

①体で聞く

私はよく講演をしますが、座っている聴衆の態度・姿勢を見ただけで、話を聞く気があるのかないのかがわかります。テーブルに肘を突いて、背中を丸めて、頭を下げている人は話を聞く気がありません。こうした人は十分もすると隣の人と小声で話をしたり、居眠りを始めたりします。

人の話を聞く姿勢は格別難しいものではありません。話し手に正対すること。正対とは顔だけでなく体も足も相手のほうにまっすぐ向くことです。そして背筋を伸ばして胸を張ってあごを引いて話し手をまっすぐ見る。こうした姿勢の人が多いときは私は話に熱が入ります。

②目で聞く

話を聞くときに相手を見ないのは、文字どおり「眼中にない」、つまり相手を無視していることになります。相手の顔を見て話を聞くのは、話に関心があること、相手に好意を持っていることを伝える働きがあります。

朝礼で目を伏せたり、よそ見しながら人の話を聞いているあなた、社長はあなたを「真剣に話を聞いていない」と思うだけでなく、無礼な社員、傲《ごう》岸不遜《がんふそん》な社員と判断するでしょう。

③手で聞く

人の話の中には、大事なことやありがたいヒントがたくさんあります。それらがいつどんなタイミングで出てくるかはわかりません。

おまけに人の記憶はいい加減なもので、一度に覚えられることはせいぜい三つまで。それも十分後には忘れてしまいます。必要なことは、そのつどメモを取るのです。そのためにメモ帳と筆記具はいつも身に付けて携帯しましょう。

④口で聞く

話の節目節目で「はい」と相槌《あいづち》を打ち、聞いている、理解していることを相手に伝えます。相槌を打ちながら聞くと、話し手も話しやすくスムーズに話ができます。一対一の場合は大きい声でなくてよいから、「ええ」「はい」と口を開けて相槌を打ちながら聞く。講演などの場合は頷きます。

相槌とは、鍛冶屋が相手と代わる代わる槌を打って鋼《はがね》を鍛える作業からきた言葉です。つまり、話し手と聞き手は対等の〝相手〟であり、適度な間を取るなど、お互いを思いやって相手の仕事をしやすくするという意味です。聞き手の相槌は話し手の話す内容と同等に大事なのです。

⑤顔で聞く

興味のあるなしは表情に出ます。無表情は話し手を不安にさせます。また、話がおもしろくないのか、あるいは聞きたくないのかと思わせます。話の内容に合わせて真剣になったり、笑顔になったり、不安になったり、怒ったり、表情豊かに聞きましょう。

以上五点を実行し、〝聞き上手〟になりましょう。

Section

39 電話達人の三つの極意

ある会社に電話をしました。若い女子社員が出ました。かわいい、きれいな声でした。尋ねると「少しお待ちください」と言って、周りに助け船を求めます。新入社員であまり電話を取ったことがないようです。「は？　藤本ですか、少しお待ちください」。この女子社員は自分の会社の社長の名前も知りませんでした。

ある会社に電話しました。中年の男性社員に「まいどっ！」と言われたときは、びっくりしました。名指し人を告げると「あいよ、ちょっと待って」となれなれしい口調で言い、さらに「課長！　アイウエオか何かよくわかんないけど、セールスらしい、どうする？」と叫ぶのです。電話を保留にしないので、筒抜けです。

電話は会社の窓口です。一本の電話が大口の注文につながることがあり、一本の電話がお客様を怒らせて取引停止という結果をもたらすこともあります。

先日あった実例です。当社の部長あてに電話がかかってきました。受けた社員が部長に代わるため保留にしようとして、誤って切ってしまいました。慌ててお客様にかけ直して謝ると「君は会社に何年勤めているんだ。電話機の操作もできないのか」とさんざん油を絞られました。

電話に出る人の応対の巧拙、印象の善しあしで会社全体が評価されます。これが電話の恐さです。

電話応対の上手な人と下手な人では、天地の開きがあります。上手な人のやり方をよく観察して、その方法をまねましょう。達人の特徴は三つあります。

①相手によって差をつけず誰に対しても礼儀正しい

セールスの電話だとわかるとぞんざいになる。これが凡人。達人はお客様に対してはもちろん、仕入先にも宅配便の業者にも、見知らぬ会社からの売り込み電話に対しても、常に礼儀正しくきれいな言葉遣いをします。相手によって差をつけません。その謙虚さに感動したセールスマンからお客様を紹介してもらった達人もいます。

②相手の都合を最優先する

「社長おられますか？」に「出かけています」「いつ頃お戻りになりますか」「さあ、ちょっとわかりません」では失格です。「出かけていますが、よろしければ私が代わって承りましょうか」と、自分がなしうる最善を尽くします。相手の都合を最優先し、相手の要求を満たす努力を怠りません。達人は一本の電話でお客様の要求を完全に満たします。

③姿勢正しく、笑顔で、明るい声で話す

電話では顔や姿勢は見えません。しかし、それは声の調子や雰囲気となって、確実に相手に伝わります。達人はこのことをよく知っています。電話が鳴ると、受話器の横に置いた鏡でさっと笑顔を作り、背筋をピンと伸ばします。声も普段のときより、一段高い明るい声で話します。

以上三点が電話の達人に共通する特徴です。あなたも電話の達人になりましょう。

Section 40
無用のプライドを捨てれば成長できる

山本君の欠点は、同じ失敗を繰り返すことです。注意されると「はい」と殊勝にうなだれるものの、すぐケロリとしています。そしてしばらくすると、また同じミスを犯します。「今度ミスしたら減給だ」と課長に言われてからも同じようなミスを何回もして、山本君は実際に減給されています。「よくあれでクビにならないもんだ」と同僚は陰口を叩いています。

同じミスを繰り返すのは、三つの原因が考えられます。

①性格がそそっかしい

この性格の人は計画や段取りといった仕事の組み立てができません。やった仕事の見直しも苦手。目の前の作業に追われて、後のこと、次のことをまったく考えていないのです。

②責任感の欠如

自分の犯した失敗が周囲にどれだけの迷惑を与えるかに考えが及びません。失敗しても誰かが助けてくれる、尻ぬぐいをしてくれるという無責任な依存体質が身に付いています。

③学習能力がない

仕事は失敗しながら覚えていくものです。そして失敗の原因を真剣に探り、反省し、同じ失敗を繰り返さない工夫や改善をすることが成長につながります。これを学習能力といいます。学習能力が足りない人は、同じ失敗を何度も繰り返します。

以上三つが原因と考えられます。山本君の場合は三番目の「学習能力」が深く関わっているようです。

実際、山本君は使いものになりません。早晩クビになることでしょう。ところが、そうはなりませんでした。三年後の今も山本君は会社にいます。そして同じミスを繰り返すことがなくなっていました。

山本君は親の勧めで見合いをし、結婚しました。山本君二十九歳、相手は三十一歳。この奥さんが傑物でした。結婚前は甘えてかわいかったのが、結婚後は鬼嫁に変身。家事全般を手伝わせ、料理の作り方までいちいち指導します。山本君にとって家庭は訓練道場でした。

鬼嫁は容赦しません。「こんな簡単なことをどうして間違えるの！」「教えたことは一度で覚えてください」「人の話は相手の顔を真っすぐ見て聞くものです」「言われたらすぐやる！」。ムチが飛びます。山本君はおたおたしながら動き回ります。愛する妻に言われるので余計に屈辱を感じます。

この鬼嫁、怒鳴りつけるだけではありません。山本君が言われたことをきちんとすると、赤ん坊をあやすように「おお、偉い、偉い、よくできたわね」と笑顔で頭をなでます。「すごいわあ」と抱きついてきます。はたで見ていると、できて当たり前のことを何であんなにオーバーに、と思いますが、鬼嫁は夫を子供のように「偉い」「立派」と褒めまくります。

実は山本君は一流私立大学出身のペーパーエリートでした。プライドが高かった。そのプライドが鎧になっていて、仕事ができない自分を認めることができず、学んで向上しようという意欲をなくしていました。

鬼嫁はその欠点を見抜いていました。この欠点を直さなければ、夫は社会人としてやっていけないと思いました。それで家事を分担させ、訓練したのでした。逃げ場のない道場で山本君は次第にプライドという鎧を脱いでいきました。性格が明るくなり、人に対してどことなくぎこちなかった態度が、やわらかく自然になってきました。

山本君は変わりました。鬼嫁の特訓のおかげで仕事ができると言われる仲間に入ることができました。

第５章
行動力

You can get the strangest secret for Success

Section

41 すべり込みセーフは、出世アウト

昔、当社に若い新人の女子社員がいました。ある朝、五分間遅刻をして、肩でハアハア息をしながら私の席へ謝罪に来ました。「すみません。目覚まし時計が壊れていて鳴らなかったんです。もう古いんです。新しいのを買います。明日からは目覚まし時計を二つにして、絶対に遅刻しません」

目を丸くして真剣にこう言う女子社員を怒る気にもならず、「そうか、わかった。頑張ってくれたまえ」といかめしく言い、トイレに駆け込んで大笑いをしたものです。その社員にとって遅刻の原因は自分にはなく、目覚まし時計にあったのです。だから私は悪い人ではなく、悪い目覚まし時計の犠牲者であるという理屈です。新人だから罪がない。許せる範囲のことです。「明日からは始業三十分前に出社しなさい。以上」で一件落着します。以後、その子が寝床に目覚まし時計を二つ置いたかどうかは知りませんが、遅刻は二度としなかったと記憶しています。

社歴八年、そろそろ役職に手が届きそうな佐川はいつも始業時間ギリギリに出社します。だいたい八時五十八分というのが平均値です。なぜこういう正確な数値が出るかというと、毎朝、上司の課長が胃が悪くなる思いをしながらイライラしているからです。しかし、遅刻はしないのです。まさに名人芸。多少の早い遅いはあっても、九時前には必ず来るのです。「あと十分早く出社してください」と、課長は何度も注意しました。そのときは殊勝に「はい」と言うのですが、いっこうに改まりません。上司がきつく言うと「私は毎日、夕方一時間はサービス残業しています。その分、残業代を出してくれるのであれば朝早く出てもいいですよ」と反発をする始末です。

その後、社内事情が変わり、全員三十分早く出社することになったので、佐川は退職していきました。

朝のギリギリ出社には、二つのタイプがあるようです。

一つは、時間にルーズな性格です。この人は時間感覚がたるんでいます。緊張感を失っています。約束時間も、提出物も、報告も、ちょっとアクシデントがあると遅れる人です。ビジネスの世界では信用されない性格です。

もう一つは、〝早く出社するのは損〟という損得勘定で動く人です。実は佐川はこのタイプの人でした。課長は知らなかったようですが、同僚は皆、知っていました。佐川は毎朝、会社の近くの喫茶店でコーヒーを飲み、新聞を眺めて時間を潰していました。「会社は九時からで、それ以前は給料に入っていない。一分でもただで働くのは損」と思い、佐川は腕時計を見て九時ギリギリに出社していたのです。一見、賢明なようですが、佐川は自分の時間を会社に切り売りしている時間給労働者の意識から脱け出していません。佐川に早出や残業をしてもらうには、〝お金で釣る〟以外に方法はないでしょう。

ギリギリ出社やよく遅刻する人で出世した人はいません。まだ誰も来ていない会社に毎朝、一番出社を続ける人で出世しない人は一人もいません。早寝早起きしましょう。一番出社の社員になりましょう。

Section
42 朝礼を盛り上げる人になる

一年の計は元旦にあり、一日の計は晨《あした》にあり。一年間は一日一日の積み重ねです。毎朝の計画と出発が大事です。

毎朝の朝礼はマンネリでつい気が緩んでいませんか。上司が方針を発表しているときに下を向いていませんか。キョロキョロして落ち着きのない態度をしていませんか。話を聞いているふりをして、頭の中では他のことを考えたり、早く終わらないかとイライラしていませんか。

こうした態度になるのは朝礼の重要性を理解していないからです。朝礼は何のためにやるのでしょうか。

セブンイレブンの鈴木敏文《すずきとしふみ》会長は「共有化のための『場』が大切だ」と言います。会議やミーティングや朝礼がその「場」に当たります。

朝礼で私たちが共有するものが五つあります。

第一に、戦闘開始の心構えです。戦いを始めるためには、全員の心を揃え整えなければなりません。「やるぞ」「頑張るぞ」「勝つぞ」という気持ちを共有し、交換する必要があります。朝礼で全員の心を一気に戦闘モードに高めるのです。

第二に、今日一日の目標です。いくら売り上げを上げ、いくら生産するのかが漠然としたままでは、頑張りも粘りも出てきません。目標数字があると、それへ向かって努力します。もう少しで達成できそうだとわかると、粘りも出てきます。

第三に、連絡事項の徹底です。個々の連絡だけでは連絡漏れが出ます。皆が顔を合わせる朝礼の「場」で、もう一度大切な事項の徹底がなされるのです。すでに知っている事項もあるでしょうが、私語をしたり、他へ気を取られているると、変更事項を聞き漏らし、とんでもない失敗につながります。知っているからと安易に考えて気を抜いてはいけません。

第四に、問題点の確認があります。仕事のトラブルや不具合、クレームなど問題点を取り上げ、注意を促し、改善点を求めます。真剣に朝礼に取り組んでいる人は昼の休憩のとき、パッと頭にひらめいて解決策が浮かんできます。

よい意見や提案をたくさん出せる人です。

第五に、成功事例や改善方法の紹介があります。目標達成した人や成績のよい人が褒められます。優れた人を見習って自分を高めていきましょう。また、改善のヒントがたくさん出ます。周囲の人から学べと言われますが、仕事中は手を休めて同僚や上司の仕事を見ているわけにはいきません。こういう朝礼の場は、周囲の人から学ぶよい機会なのです。

朝礼は一日の勝負の始まりです。気を抜かず、真剣に取り組みましょう。三倍の大きい声で「よろしくお願いします」と挨拶をしましょう。発表する人の目をまっすぐ見ましょう。意識を集中して聞きましょう。わからないことは質問し、意見を求められたら元気よく手を挙げましょう。朝礼を盛り上げる人になりましょう。

Section 43

真剣に体操をすると〝人を動かす〟力が伸びる

朝の通勤時、建設現場や工場の庭でラジオ体操をしている光景を目にします。筋肉をほぐし、血流をよくし、頭をスッキリさせるウォーミングアップ。いいことです。

しかし、感心しません。大半の人が手をぶらぶら振るだけで体全体を使っていません。見ていてカッコワルイのです。仕方なくやっている、いやいややっているとしか思えません。

ラジオ体操はウォーミングアップの効果があります。それだけではありません。〝人を動かす〟基礎となる能力を伸ばします。

人を動かすことができる人が、仕事ができる人です。営業マンやサービスマンは説明説得によってお客様を動かします。自分の意志どおりにお客様の心を動かせれば売り上げが上がります。上司は部下を動かします。部下が上司の意思どおりに動いてくれれば成果が上がります。また部下も、人を動かす力があれば自分の考えを上司や同僚に通すことができます。誰にとっても人を動かす能力は大事です。

では、どうすれば人を動かす能力を伸ばすことができるのか。まず〝自分を動かす〟ことができること、これが前提です。自分を動かせない人が他人を動かせるはずがありません。

〝自分を動かす〟の入口は、自分の意志どおりに自分の体を動かすことです。体操の順番や形は頭に入っています。腕を真横に上げ指先をピンと伸ばし、膝は最大に屈伸する。そうすればいいのがわかっているのだから、そのとおりに体を動かせばいい。伸ばすところは伸ばし、曲げるところは曲げ、ねじるところはねじり、跳ねるところは跳ねる。頭が命じれば体はそのとおり動くはずです。

だらだら体操をしている人を見ると、この人は自分の体を満足に動かせないのだから決して人を動かすことはできない、仕事ができない人だと私は思います。

自分の体を自分の意志どおりに動かせる人が、自分がやろうと決めたことをやり遂げる人、必ず約束を守る人になることができます。そしてこの人が人を動かすことができる人になります。ラジオ体操を見れば、仕事に対するやる気だけでなく、その人の将来までわかるのです。

ある会社では朝だけでなく三時にも体操をしています。女子事務員の提案で三時にもすることにしたそうです。

音楽のテープは使いません。「いち、に、さん、し」と全員が声を出します。事務所はビルの六階にあり、他の階にもその声が聞こえます。他の階から「うるさい」などと苦情を言われたことはありません。エレベーターで会うと、他の階の人は「元気いいねえ」と感心した顔で言ってくれるそうです。

皆、全身をいっぱいに動かして全力で体操します。四分間の体操をすると「ハーハー」と息が上がります。暖かいときは女性でも額にうっすら汗が滲《にじ》みます。偶然そうした場に来合わせたお客様が「すばらしい！」と感嘆の声を上げたそうです。

ラジオ体操についての考え方を改め、真剣に、全力で行いましょう。

Section 44

イチローの全力疾走に学ぶ

イチロー選手はどんな凡打でも全力で疾走します。ダメな選手は、当たりが悪いとどうせアウトだろうと諦めて、ゆっくり走ります。「この差がイチローと他の選手との打率の差になって表れている」と、名指導者の誉れ高い野村克也《のむらかつや》氏は言っています。

なぜ、イチローは凡打のときでも全力疾走するのでしょうか。それは足によるヒットが生まれる可能性があるからです。全力疾走しなければ絶対生まれないヒットが、全力疾走することによって百回に一本生まれるからです。

疾走するイチローには、投手も守備陣も何がしかのプレッシャーを受けます。イチローの俊足は、メジャーリーガーなら誰でも知っています。慌てて球を取り落とす選手がいます。球を握り直したりして、送球のタイミングが遅れる選手がいます。暴投する選手がいます。結果はエラーであったり、ヒットとなります。

野村氏は、「百打席のうち三十本ヒットが出れば三割打者だ。二十五本で二割五分だ。この違いはたった五本だが、成績の評価は天地の開きがある」と言っています。

人よりわずか五本多くヒットにできるものがあるかどうかが一流と二流の分かれ目だと言うのです。平凡な当たりでも全力疾走するイチローの姿に学ぼうではありませんか。

かかとを引きずり、パタンパタンと音を立てながら社内を歩いていませんか。上司があなたを呼んだとき、のろのろと立ち上がり、ゆっくりと歩いていませんか。

急ごうがゆっくり行こうが数秒と変わらない、そんなに急ぐことはないと思っていませんか。この人は、ヒットのとき、ゆっくり走ってアウトになる人です。仕事でもいつも目標未達成で終わっている人です。

イチロー選手のように一流の社員になりましょう。それは上司に呼ばれて上司の前に立つまでの数秒の差にあります。素早く立ち上がり、早足で移動しましょう。もし違う階や隣の建物にいて、電話で呼ばれたときは駆け足で移動しましょう。だらだら歩いて上司の元へ行く人と早足駆け足でキビキビ行く人とでは、二割五分と三割打者との違いがあります。

キビキビ移動する人は、第一に仕事を受ける意気込みが違います。上司の前に立ったときはやる気でいっぱいです。

第二に、頭の回転が速くなります。のんびり移動していると頭ものんびりします。キビキビ動くと頭もキビキビ動き、先へ先へと打つ手が早くなり物事がスムーズに進みます。

第三に、体の動きがよくなり処理が早くなります。早足駆け足は体全体の動きもよくなり、報告連絡相談をはじめとして事務処理など物事の処理が早くなります。

会社の駐車場から事務所までは駆け足で移動しましょう。倉庫から工場まで歩いてはいけません。駅の階段、ホーム、道を行くときも早足で移動しましょう。周りの人の動きが〝のろい〟と感じイライラするようになれば、あなたは三割打者になれます。

Section

45 くよくよ悩んでいないでまず行動

浜中の長女は幼稚園の年長(五歳)になるまで、補助輪を付けて自転車に乗っていました。同級生がもう補助輪なしで自転車をスイスイこいでいるのを見て、自分の娘は成長が遅いのではないかと思っていました。浜中はこのままではいけない、長女を補助輪なしで自転車に乗れるようにしようと決心しました。

どんなふうにすれば、長女は補助輪なしの恐怖に耐えられるだろうか。付きっ切りで後ろから支えてあげればいい。ではどんなタイミングで自分の手を自転車から離せばいいのかを考えました。これはなかなか答えが出ません。何しろ手を離せば、もう自転車の操縦は長女の手だけに委ねられるわけです。転ぶも進むも本人次第です。想像しただけで恐くなります。

いろいろと作戦を練っていると、妻と長女が帰ってきました。「パパ、あたし自転車に乗れるようになったよ! もう一人で乗れるよ!」。長女は自信に溢れた表情でこう言ったのです。浜中は開いた口が塞がりませんでした。

長女への褒め言葉もそこそこに、妻にどんな練習をしたのか、どうやって補助輪をなくしたのかを聞きました。妻はこう答えました。「簡単だったわよ。ある程度一緒に後ろに付いていてあげたけど、子供のほうから『手を離してみて!』って言ったの。だから手を離してみたら、一人でスイスイこぎ始めたのよ。初めは恐くてあまりスピードが出せないからハンドルもフラフラしていたけれど、ペダルをこいでスピードを上げたらフラフラしないってわかったみたい。そこからはハンドルも安定して楽しそうに乗っていたわ。ああいうのって恐がってスピードを出せないと逆に難しいのよね」

浜中はああでもない、こうでもないと取り越し苦労をしていた自分を反省しました。同時に幼稚園の娘から、人生で大切なことを教えられたような気がしました。

浜中は思いました。自分はどちらかと言えば消極的な性格である。何かを始めるときはいつも考えすぎる。よく言えば慎重だが行動力がない。失敗を恐れる。いや失敗そのものよりも、失敗して自分の評価が下がるのを恐がっている。物事を始める前から悪い方向にばかり考えがいく。こういう性格のために、同期の仲間たちより出世も遅れている。

〝よし、娘の勇気を見習おう。娘に負けてはいられない〟浜中はこう決心しました。そしてこのときから、頭でいろいろ考え悩むより、行動を起こすことから始めようと決めたのです。考えてから動くのではなく、動きながら考える、あるいは動いてみた後で考える、に自分を変えました。

失敗しました。失敗の連続でした。浜中はそれにめげずに前進しました。

半年後、上司から言われました。「君は変わったね。行動力が付いてきた。来年、君を主任に推薦するよ」

「やってみなはれ。何でもやってみなわかりまへんで」。サントリー中興の祖、佐《さ》治《じ》敬《けい》三《ぞう》氏の言葉です。

Section

46 上司の〝心の納期〟は部下より早い

「佐藤君、新製品の販売顧客一覧表を作成して、十八日の朝、十部コピーして提出してください。表の作り方は前と同じだからわかるね」と上司。「はい、わかります」と佐藤君。

十七日夜、出張中の上司の携帯電話に佐藤君から報告。「会社のプリンタが故障しました。一覧表が印刷できないんです。明日の提出がちょっと間に合わないんですが……」「で、どうするんだ?」と言う上司に、佐藤君は「入力は先ほど終わりました。プリンタさえ故障しなければ……」と弁解しました。

佐藤君は計算しました。集計に一日、データ入力作業に一日、プリントアウトとコピーは二、三時間あれば済む。二・五日あれば完了する。十五日の昼から始めれば十七日夕方には出来上がる。この計算どおり順調に仕事は進んだのですが、プリンタ故障というアクシデントで完成予定が狂ってしまいました。

私たちは納期についての考え方をしっかり確立する必要があります。あなたは次のことを実行しましょう。

①提出物は遅くとも一日前に出す

十八日朝というのは上司と部下の間で合意した言葉の上での納期です。もう一つ、〝心の納期〟というものがあります。上司の期待する心の納期は常に早く、部下が計算する心の納期は常に遅いのです。早ければ早いほど上司は助かります。提出されたものをじっくり見て考えることができます。仮に手直しや変更があった場合、あなたも余裕を持って対応できます。指示の十八日朝が期限なら十七日中に提出しましょう。

②その場ですぐ取り掛かる

佐藤君は期限遅れを不可抗力のように考えています。しかし、上司はそうは思っていません。上司は〝十五日から始めるからこういうことになる。なぜ十一日から始めないんだ〟と不満に思っています。すぐ取り掛かって十五日に完成しておけば問題は起きなかったかもしれません。期限遅れの本当の原因はプリンタの故障ではなく、佐藤君の仕事への取り掛かりの遅さだったのです。そのときその場から、できることをできる範囲まで進めておきましょう。

③何があろうと納期を守る

上司は佐藤君の弁解を聞いた後でもう一度、「で、どうするんだ？」と聞きました。佐藤君は意味がわからず受話器を持ったまま黙っています。「方法はあるだろう。これからプリンタを借りてくるとか、最悪の場合は手書きで作成してコピーするとか」。佐藤君はハッとして「わかりました！　必ず間に合わせます」と答えました。佐藤君はその夜、徹夜して手書きで五百名近い顧客の氏名、住所、電話番号などを書き、翌朝の納期に間に合わせました。

納期つまり約束は仕事の命です。命を懸けて守るものです。間に合わないと思った時点から考えましょう。「できない」と諦めずに何か方法はないか考えましょう。納期は何がなんでも守りましょう。

Section

47 捨てる、分ける、戻す

片付けられない症候群。中田君もその一人です。私生活のだらしなさをそのまま会社の机にまで持ち込み、不要品をため込んでいます。積み上げられた書類、散乱した文房具、足元に押し込まれたダンボール箱や紙袋……。

中田君の引出しは物がつかえて開かなくなることもしばしばで、毎日、物を捜すという非生産的な行為に多くの時間を費やしています。必要な書類を捜し回るのは日常茶飯事、出張に出かける前に、資料が見当たらない、飛行機の切符がないと言ってはいつも大騒ぎをしています。重要書類を紛失しかけたり、お客様に提出する企画書を一枚出し忘れたりといったミスを何度も繰り返しています。上司は「あいつには大事な仕事は任せられない」とみんなに聞こえる声で言っています。

時々、上司から注意を受け、机回りの整理に取り掛かってはみるものの、大して変わりません。なぜなら中田君は物が捨てられないのです。必要な物と必要でない物を見分けられないということです。

おもしろいことに、中田君の隣の席の景山君は中田君とは正反対のスッキリ派です。机の上はもちろんのこと、引出しの中も整然としています。二人の違いは机の上の美醜の差だけではなく、その仕事ぶりにも表れているのです。

中田君は飽きっぽく、一つの仕事を根気よく続けることができません。会議のときも他人の話をよく聞かず、自分のしゃべりたいことだけを一方的にしゃべりまくります。中田君の発言は思い付きやひらめきによるもので、会議の流れを無視したものがほとんどです。中田君の頭の中ではいろいろな考えがごちゃ混ぜになっていて、重要なこととそうでないことの判断が付かないのです。また計画性もなく、情緒不安定なところもあります。中田君の場合、頭の中が自分の机の上と同様に乱雑であるために、問題が起きても正しい解決策を見出すことができません。

一方、景山君はどんな仕事も速く正確にこなします。複雑で細かい仕事、面倒な仕事にもコツコツ取り組み、「集中力と根気の景山」と言われています。また、お客様からのクレームに的確で素早い対応ができるのも景山君の特徴です。

景山君が病気で緊急入院したときも、机の上、引出しの中の書類がきちんと整理されていたため、他の社員がすぐに必要な書類の在りかがわかり、お客様からの問い合わせにもスムーズに対応できたのでした。景山君によると机の上をスッキリさせるコツは「不要な物を捨てる、必要な物を分類する、位置を決める、使ったら戻す、ということをこまめにする。たったこれだけ」とのことです。

「たかが整理整頓じゃないか。仕事はちゃんとやっているよ」という考え方は間違いです。「会社の机も書類も何もかも会社からお借りしている大事な物」という意識を持ちましょう。整理整頓は立派な仕事であり、かつ、それを見れば仕事ができる人、できない人がわかる仕事能力のバロメータです。

Section

48 書類管理は図書館をまねよ

整理整頓のコツは「捨てる」「分ける」「戻す」の三つだと述べました。これらに難易度を付けると、一番やさしいのは「戻す」で、次は「捨てる」。「分ける」が一番難しい。

「戻す」は一番やさしいがこれができない人が何と多いことでしょう。いわゆる「片付けられない症候群」と呼ばれる人達の部屋を見ればわかります。台所には使った鍋やざるが流し台に積み上げられ、リビングには脱いだ服や読んだ雑誌が床に投げ出されています。「使ったらその手ですぐに元の場所に戻しなさい」と指導されてもしません。しないのではなく、できないのです。そういう人は一つのことに集中すると、「戻す」ことに頭が回らなくなるようです。

「捨てる」ができない人はもっと多い。筆者の経験上、およそ75%の人ができていないようです。どこの家でも押入れなどの収納部は使わないもので捨てられないものがギッシリ詰まっています。会社でも倉庫は捨てるべきものが保存されています。一人ひとりの机の中もゴミの山。「捨てる」もやはり頭脳の力で、頭の悪い人はできないのです。

「分ける」は一番難しく、これが自在にできる人は十人に一人。やはり頭脳です。あまりにできる人が少ないので国家資格まであります。図書館司書の資格は「分ける」能力がある人に与えられます。「分ける」のポイントは二つ。

①立てて保管する

本や書類を机の上や中に山積みにしてしまうと、必要な物を取り出すのに時間がかかります。

「あの書類はどこにあったかな?」と上から順番に見ていくと、下に行けば行くほど捜しにくくなります。そのうちに上の物が崩れて、また散らかってしまいます。さらには、せっかく見つけた後も、使い終わったらまた一番上にポンと置いてしまい、次に使うときは順番が変わってまた上から順々に捜す手間が発生してしまいます。

したがって、書類や本を保管するときには、机の上でも中でも、とにかく

立て て保管します。そうすれば必要な物を楽に見つけられ、しかも使い終わったらまた同じ場所に戻しやすいのです。さらに、それ以降も場所がわかっているので使おうというときに即使えます。

②管理番号を付ける

書類や書物を保管するときは、図書館のように分類して保管します。たとえば、お客様用の資料をA、社内用をB、と決めます。そこからさらに、見積書はa、先方からいただいた書類はb、などと振り分けるのです。そしてまたそれをさらに細かく1、2、3、……などと分類します。「あの資料はB—c—8」などと図書館のように細かく分類し、保管すると便利です。

私たちの家も住所が細かく決められています。書類も同じです。数字、記号などを使って管理することが効率アップにつながります。

以上二点が「分ける」のコツです。

Section

49 会議で発言できる人になる

『会議は踊る』という映画が、かつて世界中でヒットしました。ナポレオン戦争後の一八一四〜一五年に開かれたウィーン会議を背景に、ロシア皇帝と町の売り子との淡い恋を描いたロマンチック映画です。しかし、歴史の事実は、参加した列国の利害や思惑が絡んで会議はいっこうに進まず、人々は舞踏会に明け暮れていたことを教えています。フランス代表のタレーランはその様子を「会議は踊る、されど会議は進まず」と皮肉りました。この言葉が映画の題名になり、有名になりました。

タレーランの名言は、あれから二百年近くたった現代でも脈々と生き続けています。国連のような大会議から小さい会社の幹部会議まで、会議といえば、人が集まっても議論されない、議論はしても決定されない、決定はしても行動に移されないというのが実態だからです。

議長から見て最も始末に負えないのが、ただいるだけの人です。会議に出席はしているけれど、発言をせずに黙って座っているだけ。指名されても「特にありません」。こうした人に限って、会議終了後の仲間うちの雑談では雄弁になります。それも「あーあ、やってられない」とか「一方的に決められても、できやしないよ」などと後ろ向きの発言をします。

なぜ会議で発言しないのでしょう。恥ずかしい。話し下手。消極的で、行動力がない。上司や先輩の前では気後れしてしまう。準備不足で内容がまとまらない。実績を上げていないので遠慮している。発言しても取り上げられないので無駄と諦めている。何かを言って反論されるのが恐い。理由はいろいろ考えられます。しかし、これらはすべて弁解か、あるいは末節の理由でしかありません。

本当の理由は、仕事をきちんとしていない、自分の仕事について真剣に考えていない、これに尽きます。なぜでしょう。それは会議の目的の本質を考えればわかります。

会議の目的は、枝葉を除けば二つしかありません。これまでどういう仕事をしてきたかを報告することと、これから仕事をどのように行うかを決めることです。発言しないのは、発言に値する仕事をしていなかったことであり、これからどうするかを考えていないことを意味しています。

ある社長が言いました。「うちでは会議で発言しない人は、会議には不要です。参加させません」。そしてこう付け加えました。「やがてその人は会議だけでなく、会社にとっても不要な人になるでしょう」

あなたは今日から、会議で発言する人になりましょう。そのために全力で仕事をしましょう。発表できる成果を上げましょう。全力を尽くせば失敗しても堂々と発表できます。その失敗を次に生かす工夫も発表できます。来週、来月、近い将来に何をするかをあらかじめ箇条書きにしておき、発表しましょう。また発言を求められたら、まっ先に手を挙げましょう。大きい声で話しましょう。

Section

50 「やらされている」から「さあ、やろう」へ

私が行っている研修は、九割以上の人が会社命令で参加しています。研修の初めはみんな厭そうな顔をしています。動きが緩慢です。おどおどして落ち着かない人がいます。声が全然出ない人もいます。マイナス思考の塊です。しかし、研修が進むうちに、研修生のこうした姿勢や態度がガラリと変わる〝瞬間〟があります。それ以降、別人のようになります。目が生き生きと輝きます。声が大きく明瞭になり、動きも素早く機敏になります。何よりも研修に取り組む姿勢が一変します。やる気と積極性に満ちてきます。

変わるのはテストが始まったときです。研修には「発声」「体操」「言語明瞭化」「三誓暗唱」といった基礎項目のテストがあります。審査員の前で一人ずつ順番に審査を受け点数をもらいます。四十点で合格ですが、一度で合格する人はいません。「八点」「十五点」と採点されます。

その点数を講師に報告して激励され、成績表に点数を記入して仲間の点数

と比べます。次回の審査を受けるための練習を始めます。このときです。研修生の心に変化が起きます。

それまでは講師の指示で動き、講師の話を聞き、講師の質問に答えていました。〝研修だから仕方ない、言うことを聞こう、言うとおりにしよう〟という気持ちでした。受身で唯唯諾諾《いいだくだく》と従っていました。心は沈んでいます。講師の動きや言葉を冷やかに受け止め、時には「偉そうなことを言っているけど、お前はできるのか」と内心で講師を批判したりします。

テストの合格は自分の力で勝ち取るしかありません。「八点」と言われ屈辱を感じますが、確かに出来栄えは八点です。このことで文句を言う相手はいません。十五点の人は次回の合格を目指して練習に打ち込んでいます。「自分でやるしかない」「やろう！」。心の中に火が付き、次第に大きく燃えてきます。

二回目は二十点。「よしもう一歩だ、次は合格するぞ！」。一層、練習に熱が入ります。〝脇目も振らず〟の状態になります。講師の欠点や、研修課題に対する疑問など、どこかに吹っ飛んで消えてしまいます。一心不乱です。「四十一点合格」。この声を聞いて「やったあ」と叫びます。その顔は以前の顔と別人になり、晴れ晴れと輝いています。

それ以前と明らかに人が変わる〝瞬間〟とは何でしょうか。それは人の心が「やらされている」から「やってみよう」に変わる一瞬です。「やれ」と言われていやいややる姿から「やる」と自分で決めてやる姿に変身したときに、人はガラリと変わるのです。

いやいややらされる十分は、一時間に感じます。その一時間は魂の抜き取られた空虚な時間、何も生み出すものがない時間です。「さあ、やろう」で行動した一時間はあっという間に過ぎ、わずか十分の短さに感じます。この十分は中身のギッシリと詰まった豊潤な時間です。仕事がはかどり、成果が上がります。


ある優れた教育者が言いました。「およそあらゆる教育の最終最後の目的は、人の意欲を導き出すことである」と。つまり、「さあ、やろう」という気持ちを植え付けることだと言うのです。

今日も一日が始まります。あなたは「さあ、やるぞ」と自分に気合いを入れて仕事に取り組みましょう。

第6章

精神力

You can get the strangest secret for Success

Section 51

リストラされない強い社員になろう

不景気が続き、多くの会社がリストラに取り組んだ時期がありました。解雇、希望退職、出向、大幅減給、賞与ゼロなどのリストラに対して社員や世間は「会社は冷たい。血も涙もない。経営理念に『社員の幸福を目指す』と謳っているがあれはうそだったのか！」と会社を非難しました。

会社はうそをついていたのではありません。会社は社員を大事にします。どの会社も人間尊重、人間中心の経営をしています。まだ仕事ができない新入社員に出す高額の期待給・期待賞与、経費と時間をかけた教育、充分な休暇、福利厚生の充実と至れり尽くせりです。

ところが会社があまりに温かくやさしくしてくれるので、社員も世間も誤解するようになりました。会社が人を冷遇すると「けしからん」と怒るようになったのです。

会社は誰に対してもやさしくはありません。すべての人を優遇するわけではありません。会社は意欲のない人を冷遇します。無能な人や仕事ができない人を冷遇します。困難な問題から逃げ出す人を冷遇します。会社に対する忠誠心がない自分勝手な人を冷遇します。反会社の発言や行動をする人を冷遇します。

会社は軍隊ではありませんが、軍隊と同じ性質を持つ組織です。

会社は戦争に勝つことや敵を倒すことを目的にはしていません。その点、軍隊とは違います。しかし、会社は成功することと生き続けることを目的としています。この目的を達成するためには軍隊同様、弱い人を排除しなければなりません。

弱い兵隊がいると戦いに負けてしまいます。ですから軍隊は強い兵隊しか採用しません。会社も弱い人が存在することが許されない組織なのです。会社は弱者を社員として採用しません。会社は体や頭が衰えた人は辞めてもらいます。これが会社の常識です。ダメな社員に辞めてもらう弱者冷遇は当然の処置であり、あなたが会社は冷たいと非難するのが間違っているのです。会社がダメな社員に辞めてもらうのを「会社は冷たい」と非難するのはやめましょう。「当人はかわいそうだが、会社がそうするのは当然だ」と考える社員になりましょう。

日本は経済的に豊かな時期が長く続いたので、会社自身がこの本質を見失ってしまいました。社員や世間が「会社は弱者にやさしくする組織である」と誤解するようになったのも仕方ないことといえるでしょう。

今また景気は回復してリストラの風は遠くなりました。〝喉元過ぎれば熱さ忘れる〟といいます。会社がまたまたダメ社員に甘くなってきていますが、強者優遇、弱者冷遇という会社の本質は変わりません。


あなたはやる気がありますか。忠誠心はありますか。仕事はできますか。困難を乗り切る精神力はありますか。有能ですか。会社は会社のために頑張っていい仕事をしてくれた人には充分に報います。強い社員になりましょう。あなたは期待に応える成果を上げて会社にとってなくてはならない人材、いかなるときもリストラされない社員になりましょう。

Section

52 行くか戻るかが人生の分岐点（プラス思考・マイナス思考①）

昔、二人の若い百姓がいました。働いても働いても楽にならない暮らしに嫌気が差し、百姓を捨てて上方に出ようということになり、村を抜けました。

苦労の末、上方の街並が見える地点まで来たとき、二人は抱き合って喜びました。もうへとへとでした。のどはからからでした。近くに農家がありました。水を飲ませてもらおうと、訪ねました。家人は答えました。「ああ、いいよ。そやけど一杯一文もらうさかい」。二人は開いた口が塞がりませんでした。

しばらくひそひそ話し合ったのち、熊さんは水も飲まず、肩を落としてもと来た道を一人で戻り始めました。八っつぁんは熊さんを見送った後、立て続けに三杯の水を飲み、三文払って上方目指して歩き始めました。二人の若者の人生が、ここで大きく分かれたのです。

何があったのでしょう。二人は何を話し合ったのでしょうか。熊さんは言いました。「おらたちの村じゃ、困ってれば水だってイモだって分け合ったもんだ。水一杯で一文取るなんて、人間のやることじゃねえ。おら、上方が恐くなった。上方へ行ったって、きっといいことなんかねえ気がする。おら、帰る」

八っつぁんは言いました。「上方っつうところはおもしれえなあ。ただの水が商売のタネになるんだなあ。これならおらだって身を立てることができるかもしんねえ。いっちょう、やってやろうじゃねえか」

誰もが人生で、この話と同じような局面を体験します。熊さんは水を飲んだら金を取られるという初めての体験を通して、まだ行ったこともない上方を恐れ、臆病になっています。上方のいやな面や恐い面ばかりを想像して、行く前からすでに負けています。

一方の八っつぁんは、熊さんと同じ体験をしたにもかかわらず、まったく逆のとらえ方をしています。上方はおもしろそうだ、何かいいことあるんじゃないか、と希望を膨らませています。行けば何とかなる、いや何とでもしてみせるという自信まですでに持っているかのようです。

二人のその後の人生はどうなったでしょう。

熊さんは故郷へ帰って、百姓に戻りました。貧しい生活に愚痴をこぼしながら暮らしました。おもしろいことは何もないという暗い顔になり、十年後にはまだ若いはずなのに精気のない老人のようになっていました。

一方、八っつぁんは上方で商家の丁稚《でっち》になりました。明るくて気が利くところが店主に買われ、また商売の才覚もあったようで、手代、番頭と出世し、十年後には店を任されるまでになりました。

熊さんの本当の名は〝マイナス思考〟といいます。そして八っつぁんの実名は〝プラス思考〟といいます。

どちらの人生がより豊かで楽しいかは、誰が考えても明らかでしょう。あなたはプラス思考、マイナス思考、どちら側の人間でしょうか。

プラス思考をする。人の欠点には目をつぶって長所を評価する。物事の暗い部分ではなく、明るい部分を取り上げる。できないと思わず、やればできるかもしれないと考える。みんながいやがることを「私がやりましょうか」と買って出る。新しいこと、難しいことを「おもしろい」と思う人になりましょう。

Section 53

プラス思考人間になる簡単な方法(プラス思考・マイナス思考②)

「あなたはプラス思考人間ですか？　それともマイナス思考人間ですか？」。前の項目でこう質問しました。

たとえば、上司から今までやったことのない難しい仕事を命じられたとします。あなたは不安になります。「自信がありません」と尻込みします。こんなとき、〝私はマイナス思考だなあ〟と反省するでしょう。

そのあなた、賭けごとをするときは一変します。パチンコをするときは「絶対勝つ、確変十連チャンだ」と勢い込みます。宝くじを買うときは、買う前から当たった三億円の使い道をあれこれ楽しく想像します。このときのあなたは、まぎれもなくプラス思考の人間です。つまり人は誰でも心の中にプラス思考の領域とマイナス思考の領域を持っているのです。だいたい半分ずつくらい持っています。

一方、何事に対しても常にプラス思考をすることができる人がいます。会社の経営者、その中でも自分でゼロから事業を興して会社を大きくしてきた創業社長と呼ばれる人たちです。創業社長の大半は、プラス思考の持ち主です。なぜでしょう。創業社長は自分の心をそのように作り変えたのです。

お金がない、人がいない、信用もない、頼りになるのは自分ひとり。こうした環境に置かれれば普通はマイナス思考になります。マイナス思考になって「やーめた」となります。それでは会社を作った意味がありません。何もないがせめて自分の心だけはプラス思考でいこう。このように自分の心をコントロールして、プラス思考人間になったのです。成功した経営者がプラス思考人間になるために行ったことは次の二つです。

①成功したときの喜びをイメージする

パチンコや宝くじのときにプラス思考になれるのは、勝ったときや当たったときの喜びをはっきりと想像することができるからです。負けたときの悲惨さばかりを想像したら、誰だってバクチはしません。ここがポイントです。新しい仕事や難しい問題に取り組まなくてはならないときは、それが成功したときの様子を頭の中に想い描くのです。成功の絵をイメージする。朝、目が覚めたら寝床の中で一分間、成功の絵を描くイメージ・トレーニングをしましょう。

②否定語を使わず、肯定語を使う

「難しい」「無理だ」「不可能だ」「やりたくない」「時間がない」「人がいない」「疲れた」「きつい」「調子が悪い」などの否定語を追放しましょう。こうした言葉は成功の芽を枯らしてしまう毒薬です。こうした言葉を一度口にすると、私たちはその先、一センチも前に進めなくなります。「やれる」「できる」「やってみよう」「私は強い」「私は能力がある」「私は元気だ」「私は勝つ」「きっとうまくいく」と、自分を肯定する言葉を選んで使いましょう。声に出して繰り返し言いましょう。そうすれば、不思議と挑戦する力がみなぎってきます。

あなたもこの二つを実践してプラス思考人間になりましょう。

Section

54 言行一致の人間になる方法

ビジネスマンの九割がかかっている病気があります。その病名は『思います病』。口の病気のように見えますが、実は心の病気です。自覚症状がないので、誰も自分の病気に気付いていていません。

「明日からは八時までに出社したいと思います」「一日百件、電話セールスをしたいと思います」「毎日八社、ユーザー回りをしたいと思います」などなど。会議、打ち合わせ、朝礼では「したいと思います」のオンパレードです。

さて、結果はどうでしょうか。たぶん出社時間は八時五分、電話セールスはせいぜい八十件、ユーザー回りは六社どまりというのが通り相場でしょう。言ったことが、言葉どおりに実行されません。

私たちは自信がないとき、決意や決心が定まらないとき、無意識のうちに「したいと思います」という表現を使います。これは〝逃げ言葉〟です。「八時までに出社したいと思います。しかしひょっとしたらできないかもしれません。

そのときは責めないでください」という自己弁護の心理がつい「思います」と言わせるのです。

できないかも知れない、無理かも知れないと思いながら実行することが、果たしてうまくいくでしょうか。うまくいくはずがありません。なぜなら行動する前から心は失敗するであろう方向に傾いているからです。

聖書は「はじめに言葉ありき」（新約聖書ヨハネ伝一章）という文で始まっています。この世界の創造は神の言葉から始まった、すなわち「言葉は神である」という意味です。

また、日本にも古来から、言霊《ことだま》という言葉があります。言葉には不思議な魂が宿っており、その力が働いて言葉どおりの現象がもたらされるという意味です。

言葉には、すごい力が宿っています。私たちは、言葉で言ったとおりの人間になるのです。換言すれば、「やります」と言えば実行され、「やりたいと思います」と言ったことは永遠に実行されないのです。

言葉の威力を知りましょう。曖昧な表現をやめましょう。強い言葉で、断定的に言い切る習慣を身に付けましょう。そのために、次の二つを実行しましょう。

一つは、「したいと思います」「するつもりです」「努力します」「頑張ります」という曖昧な表現はやめましょう。「します」「こういう行動を取ります」と断定言葉を使いましょう。

もう一つは、「頃」「ぐらい」「午後一番」などとごまかしや幅のある表現はやめましょう。「九時頃(ぐらい)」と言うから、九時十分になるのです。「午後一番」も巧妙な逃げ口上。「午後一時ジャスト」と明快に言い切りましょう。

「八社ユーザー回りをします」と断言しても現実にはできないこともあるでしょう。うそつき、口先ばかりと批判されるかもしれません。いいのです。それでも強く明快に言い切る習慣を身に付けるのです。やがて言霊が、あなたのからだと精神に深く乗り移っていきます。必ず、あなたは言行一致の人になることができます。

Section

55 曖昧な「はい」は会社に損害を与える

「田中君、お客様とは四時の約束だから三時に一緒に会社を出よう」と社長。

「は、はい」と田中君。

その後の田中君の挙動がおかしい。何度も時計を見る。落ち着かない。思い詰めたような表情をしています。

見かねた上司が「どうした。何かあったのか」と聞きました。すると田中君は目をキョロキョロさせながら、「実は今日のお客様に渡す資料を本屋に取りに行くので、二時半には会社を出ないといけないんです。社長と三時に一緒に出るのは難しいんです」と答えました。「どうしてそれを社長に言わないの」と上司。「あっ、はい」と田中君。

「高橋君、この間、君に頼んでおいたアール製作所の製品、いつ届くか確認してくれた?」と上司に聞かれた高橋君。「はいっ」と答え、自分の席へ走って行きます。上司が「何日だって?」と聞くと「はいっ、えーっと、あの」と、しどろもどろ。慌てて受話器を取って確認の電話をかけ始めます。上司は高橋君が確認を取っていないことに気付き、苦い顔になりました。

「日本人は『はい』と『いいえ』を正しく使い分けられない民族だ」と欧米の知識人が指摘しています。外国人と話すとき、私たちはつい「イエス」と言ってしまいます。「ノー」が言えないのです。外国人に対してだけではありません。日本人は自分より上の人の意見に対して「いいえ」が言えないのです。「いやだなあ」と思っても、つい「はい」と言ってしまいます。

かつて石原慎太郎《いしはらしんたろう》著『NOと言える日本』がベストセラーになりました。他国との外交交渉で政治家や官僚がはっきりノーと言わないためにどれほど国益を損ねているか、また会議などで本当は反対なのにノーと言えず、付和雷同してしまう日本人の性質を指摘していました。

この特性はずっと昔から「和をもって貴しとなす」でやってきた日本民族の美点であり、一概に否定していいものではありません。

しかし、ビジネスの世界では「やった」のか「やっていない」のか、「できる」のか「できない」のか、常にはっきりさせておく必要があります。

田中君は社長から「三時に一緒に会社を出よう」と言われたとき、「はい」ではなく「実は社長」とお客様に渡す資料を二時半に取りに行くという事実を社長に話せばよかったのです。社長は「ダメだ。三時に一緒に行け」などとは決して言いません。「ではどこどこで三時半に待ち合わせよう」と言います。田中君がくよくよ思い悩むことはないのです。高橋君は「申し訳ありません。まだ連絡していません」と素直に謝ればよいのです。上司は「ではすぐ確認してくれ」と言うでしょう。これだけのことです。

上に従順であることは部下として立派です。しかし、「いいえ」と言うべきときに「はいっ」と言うのは従順ではありません。ごまかしでありうそつきです。上を手こずらせる困った部下です。「いいえ」とはっきり言える社員になりましょう。なお、ここで言っている「いいえ」は命令拒否の「いいえ」ではありませんので、誤解しないでください。

Section 56 失敗を糊塗《こと》せずに誠心誠意謝れ

「二十七日の夕方か二十八日の朝十時までに、うちの業者の高山さんと電話で打ち合わせをしてください」というお客様からの連絡を受け、「はい、かしこまりました」と石田は答えました。

二十七日は忘年会で幹事の石田はてんてこまい。高山さんに電話するのを忘れてしまいました。翌二十八日は早朝から仕事納めの大掃除。出社早々の石田に、上司からの指示が矢継ぎ早に飛んできます。バタバタしている間に時は過ぎ、われに返ったのは午前十一時。慌てて高山さんに電話したところ、「本日の業務は終了しました。年明けは一月四日午前九時から業務を開始します」という留守番電話の応対です。結局、高山さんとの打ち合わせはできませんでした。

一月四日、朝一番で高山さんに連絡を取り、何とか予定どおり仕事を進められることになってほっとしたそのとき、お客様から電話が。石田は青い顔でお客様と話していますが、周りの上司も同僚も気付きませんでした。その後、お客様から「責任者と話したい」と電話が入り、上司は「今回の仕事はいったん白紙に戻してください」と言われました。

上司は即座に飛行機で、お客様の会社へ謝罪に行きました。そこで事実がわかりました。四日朝、お客様が石田にしてきた電話は十二月二十七日か二十八日に石田が業者の高山さんと打ち合わせをしたかどうかの事実を確認するためです。石田は年末は電話できなかったこと、今、連絡を取ったこと、仕事は順調に進んでおり、何の問題もないことを報告しました。その態度にお客様は不快感を持ったのです。

「間違いは誰でもあります。それを責めるつもりはありません。しかし、石田さんは自分の非を認めなかった。それどころか失敗を糊塗する態度でした。そこでこの人とは一緒に仕事ができないと判断したのです。一言、謝罪の言葉があればそれで済んだことなのです」。これが真相でした。

結局、仕事はボツにはなりませんでした。お客様は「石田さんはまだ若いし、将来もあることでしょうから」と言って担当を他の者に代えるだけで許してくれました。お客様の〝恕《じょ》の精神〟で、石田も会社も救われました。

悪いことをしたら謝る。この単純明快な道徳を大人は誰でも知っています。知っていてもなかなか素直に実行しません。知らんふりをしたり、言い訳や弁解で何とか切り抜けようとします。責任転嫁をしたり、ひどい場合には相手を悪者扱いする人もいます。

自分に非があるのに謝らないのは卑怯者です。謝るべきときは、恥も外聞もなく謝るのです。深く深く頭を下げ、誠心誠意を尽くして頭を下げるのです。

石田の上司はお客様のところへ飛んで行って何をしたか。何もしませんでした。お客様の前に座り、応接のデスクに両手を突いて「申し訳ありませんでした」と言って、深々と頭を下げ続けたのです。一分も経った頃でしょうか。「どうか、顔を上げてください」とお客様が言ったのです。相手が心から頭を下げる姿を見たとき、大人は振り上げた拳を静かに下ろします。失敗したら頭を下げて真剣に謝りましょう。

Section 57

叱られたら頭を下げよ

経営者や管理者を対象とする講演で私はこんな話をします。

部下の指導育成は上司の任務です。では指導育成とは何をすればいいのでしょうか。難しいことはありません。部下の仕事を見ていて、おかしいと思ったこと、間違っていると思うことをその場で注意する。直せば褒める。何回注意しても直さないなら叱る。

朝から晩まで一年中注意する、叱る、褒めるを行っている人が指導育成能力のある人、これをしない人が指導育成できない人です。

それはそうでしょう。変なことをしていても上司に何も言われなければ部下はずっと間違ったままです。一年経っても三年経っても直りません。

「些細なことだから、注意するといやがるだろう」と黙っているのが一番よくありません。

ただし、叱るのが危険な部下を叱ってはいけません。どういう部下でしょうか。「キレる」部下です。穏やかに注意している段階でわかります。目がつり上がり、今にも殴り掛からんばかり。こんな部下を厳しく叱ったら、キレて襲い掛かってくるようなケースもあり得ます。キレる人を叱ってはいけません。危ないなと思ったら、その部下は遅刻しようと仕事をきちんとしなかろうと何も言わないでそっとしておきます。そして辞めてもらうなど、上司と部下という関係を早く断ち切ることです。他人の子を育成するために叱って、暴力を振るわれるのでは計算が合いませんからね。

ここで聴衆はうなずき笑ってくれます。

最近の若い社員は、子供の頃からちやほやされ、わがまま放題に育っています。まるで若様、お姫様です。家庭でも学校でも、ほとんど叱られた経験がありません。

はっきり言います。会社ではみなさんの若様意識やお姫様意識は一切、通用しません。上司の指示や命令に従わない人、会社の常識を守れない人は注意され、叱られ、それでも直さなければ処罰を受けます。

上に反発する人は、その時点で見限られます。正面切って反発しなくても、反抗的態度を示す人がいます。叱られても謝罪しない。返事をしない。プイと横を向く。上司を睨《にら》む。ふくれっつらをする。言い訳や弁解を言う。上司に対してこうした態度を取ってはいけません。

いいですか。心の冷たい上司、自己中心の上司はあなたに無関心です。あなたが間違ったことをしていても叱ってくれません。叱ってくれる上司はあなたを直してやろうと思っています。ありがたいことです。上司の叱る態度や言い方が気に入らないからといって、上司に反抗してはなりません。あなたのために言うべきことをはっきり言ってくれる人、あなたがいやがるだろう、落ち込むだろうとわかっていて叱ってくれる人、こうした上司を持つあなたは恵まれています。

叱られたら「申し訳ありません」と頭を下げましょう。「ありがとうございます」と頭を下げましょう。

Section 58 明日の仕事を今日やってしまおう

「人生は短い。しかし、走って電車に飛び乗るほど短くはない」という教訓があります。まだ赤信号なのに横断歩道をせかせか歩き出す大阪人に送りたい言葉です。青になるまで待っても到着時間は大して変わりません。

「明日すればいいことを今日するな」。モンゴルの諺《ことわざ》です。明日のことは明日にならなければわからない。明日すればいいことを今日しても、無駄になったり、損したりすることが多い。大自然に逆らってはいけない。遊牧民族が経験から学んだ教訓です。

日本にも同意の諺があります。「明日は明日の風が吹く」。明日は明日で今日の風と異なった風が吹く。じたばたしないで明日の運に任せよう。「明日のことは明日案じよ」。明日はどんなことが起こるかわからない。今日あれこれ心配しても始まらない。

人を押しのけてわれ先にと急ぐ現代人には、煎じて飲ませたい薬のような諺です。しかし、こうした諺は生活の糧を農業漁業牧畜、つまり天候と自然に頼っていた時代のものです。現在、私たちは会社で働いて生活の糧を得ています。こうした諺は当てはまらなくなっているのではないでしょうか。

ある役所の柱の陰に「明日すればいいことを今日しようとしていませんか」という貼り紙があります。職員に対する「余分な仕事はするな」という警告です。仕事がなくて暇だったら遊んでいなさい。五時になったらさっさと帰りなさい。張り切って明日の仕事に手を付けるような人はダメ職員ですという教えです。

職員はこの教えに従って薄い仕事を引き延ばしてしています。新しい仕事が入ると人を増やします。役所はこうして世の中の景気と関係なく、仕事をしないことが肯定され、職員数が増え続けています。民間企業なら県庁も市役所も、とうの昔に倒産しています。

民間の会社は天候や自然の摂理に従って遊牧民族のように「明日は明日」などと言ってはいられません。ライバルより一日でも早く新製品を開発し、お客様をより多く獲得し、売り上げをさらに伸ばさなければなりません。この努力をせずに手をこまねいて待っていれば、必ず〝暗い明日〟がやってきます。

仕事は続くものです。今日はここまで、明日はここからと計画を立てます。計画どおりに進めば順調です。その日の仕事を三時で仕上げた。やれやれと夕方まで遊ぶのが役人。会社の社員は翌日の仕事に手を付けます。今日やっておけば明日が楽だからです。明日、その日の分を早く仕上げたら明後日の分に取りかかる。好調です。優秀な人は皆、こうしています。

明日の仕事をするときのコツ。やるべき仕事は複数あります。優先順位を付けます。その順位の低い仕事、時間がかからない軽い仕事を行います。お客様に手紙を書く、面会約束の電話、データの整理、機械道具の整備、整理整頓……。本道の仕事に付随する雑用のような仕事を片付けます。そうすれば明日は朝一番から本道の仕事に集中できます。

今日は仕事が順調に進んだと感じたら、三十分でも一時間でも次の日の仕事に手を付けましょう。

Section

59 人は自分が思うとおりの人間になる

春日恭子を面接採用したのは総務部長です。後で部長は社長から「いくら人がいないといっても、こんなひどいのをなぜ入れた」と怒られました。確かにひどい。着て来るものはミニスカートに赤いストッキング。一日中あっちへ行きこっちへ来ておしゃべりし、ケラケラ笑っています。にぎやかを通り越してうるさい。まだ十九歳で会社では最年少。そのためみんなが大目にみていますが、社長が「何だこれは、これがウチの社員か」と目をむいたのも道理です。

学校を出てからコンビニのバイトをしており、会社に勤めたことがありません。挨拶や返事は大きい声でするが姿勢は悪いし、上司に対する口の利き方は友だち言葉で礼儀知らず。総務部長は「明るくてはきはきしているので営業に向いていると思いまして」と弁明していたが、お客様の前へは出せないし、恐くて電話もかけさせられない。社長は社内をピーチクパーチクさえずり回る春日を眺め、「やれ、やれ」と溜息をつくのでした。

その春日が一年半後、社内の社員表彰で優秀社員として表彰されました。もらった賞は「成長賞」。社長から金一封を受け取り、春日は目に嬉し涙を浮かべていました。社長が表彰を認めたのですが、推薦したのは上司の島津課長。課長は「春日さんは大変素直で言ったことはすぐしますす。直しなさいと言えば、二度言わせることなく必ず直してきます。入社当時に比べて一年半でこんなによくなった人は初めてです」と推薦の理由を述べました。

『マイフェアレディ』というミュージカルの名作があります。ロンドンの貧しい花売り娘のイライザが、言語学者のヒギンズ博士に拾われ、マンツーマン教育によって変身し、ついには上流社会の貴婦人になるという物語です。

春日はイライザでした。「そんな色のストッキングはだめ」「服装はこういうものにしなさい」の一から百まで上司の言うことをすべて聞いて直しました。営業の仕方も言葉遣いも一回言えば見事に身に付けました。

今では営業の売り上げもナンバーワン。お客様から、上司や社長が「春日さんの電話はすばらしい」と褒められ、社長も春日を改めて見直したのでした。

表彰式の席で春日は言いました。

「私、島津課長を尊敬しています。島津課長のようになりたいと思いました。電話のかけ方もまねして課長と同じように話したいと思いました」

これを聞いて今度は、春日の母親より年上の五十歳を過ぎた女性課長の島津が目を潤ませました。

社員が成功するとはどういうことでしょうか。

上司や先輩から「あいつは仕事ができる」と言われる人になることです。お客様から信頼される人になることです。それによって給与賞与などで充分な収入を得る人になることです。課長、部長と昇進し、社長や専務になることです。あるいは独立して会社を創り、その会社を立派に経営していくことです。

現在のあなたはどうでしょう。抜群の能力があるでしょうか。新しいアイディアが泉のように涌いてくる創造力があるでしょうか。不可能なことをやり遂げてしまう行動力があるでしょうか。人が信頼して慕い寄ってくる豊かな人間性があるでしょうか。残念ながら、何もないのではないでしょうか。

しかし、悲観することはありません。卑屈になったり、自信をなくしてはいけません。自分の目指している将来を、心のキャンバスにくっきり描きましょう。そうすれば徐々にその「理想の絵」が現実のものになっていきます。春日のような「島津課長のようになりたい」といった身近な具体的な絵がいいでしょう。大事なのは思うことです。初めに心に思うこと。人は心で思うとおりの人間になります。

素直に人の言うことを聞き、素直に「自分はこうなりたい」と思う。春日恭子のこの〝素直〟はどんな能力にも勝る一つの才能といえるでしょう。

第 7 章

人間関係

You can get the strangest secret for Success

Section

60 上司に信頼される部下になる

中途入社の制作部員・岡田は前の会社での仕事がそのまま役に立ったせいもあり、入社して半年も経つと重要な仕事を任されるようになっていました。上司の部長は岡田がよくやっていることを認め、岡田の意見に耳を傾けました。

夜八時頃、岡田が頑張っていると部長が寄ってきて「まだやるの」と聞きます。「はい、ここまで仕上げますので、部長、どうぞお帰りください」と岡田。こんなことが月に一、二度はありました。商品の企画会議の席上で、岡田が助け船を出して部長のメンツを保ったこともありました。

岡田は次第に自分は実質上の部長の仕事をしていると思うようになりました。たいていのことは部長を通さずにやってしまいました。「A案にしたらどうか」と言う部長に、岡田はB案しかないと断言して、部長の浅慮《せんりょ》を笑いました。確かにB案のほうがよく、仕事はうまくいきました。

それから間もなく岡田は営業部へ配置転換されました。「営業を経験しなければ一人前の制作マンにはなれない」というのがその理由でした。

営業部へ移って岡田は精彩を欠き、みるみるしおれていき、一年後には会社を辞めました。辞めるときに、制作部長が幹部会議で「制作部に岡田はいらない」と強硬に言い張ったことを知らされました。

あなたの上司はどんな人ですか。有能な人か無能な人か。厳しいかやさしいか。文句の付けようのない上司など一人もいません。誰でも欠点はあります。部下はとりわけ上司の欠点に敏感であり、それゆえ自分の上司に〝無能〟〝ダメ〟の烙印を押しがちです。岡田の事例から上司に対して部下はどうあるべきかを考えてみましょう。

①上司をなめてはいけない

上司の欠点はよく見えます。少し仕事ができる社員は言葉遣いや態度の端々に上司を軽く見ている気持ちが出ます。岡田のように自信満々になり、上司を無視する言動を取りがちです。上司はこれを許しません。媚びへつらうことはないですが、上司をなめてはいけません。

②こまめに報告する

自分に自信がある人は、次第に上司に対する報告が少なくなります。許可を得ず、勝手にやって上司に隠します。こうした部下を上司は最も嫌います。仕事を任されれば任されるほど、経過報告や中間報告をしましょう。些細なことでも、面倒がらず報告しましょう。

③上司を信頼していることを態度で示す

無能な上司にはこれが一番大事。「部長のおかげで」「部長のアドバイスがあったからうまくいきました」と部長を立てましょう。あなたが信頼を表せば、上司も信頼を寄せてくれます。

以上三点が、組織の人間関係における上司に対する部下の心得です。

Section

61 社長に接近せよ

どうすれば会社で人より早く出世できるでしょうか。出世の条件は大きく四つあります。「忠誠心」「実績」「指導力」「人間的魅力」です。

どれももっともな項目ばかりです。しかし、これらはいかにも教科書的な答えで難しそうです。会社で出世するのは簡単です。

「うちの社長は本当にすごい人ですね」。これが須田君の口癖でした。社内でも、社外でも社長のことを褒め立てるのです。

同僚たちとの酒の席でも、須田君はいつもこれです。社長がいかに偉いか、尊敬に値する人かを滔々《とうとう》と語ります。初めは「ゴマすりの点数稼ぎめ」とばかにしていた同僚たちも、最近はおとなしくなりました。反論したって仕方がないと「ふんふん」うなずきながら聞いています。

須田君はもちろん口だけではありません。社長に接する態度は直立不動で礼儀正しく、畏敬の気持ちが表れています。

しばらくして、須田君は同期社員中トップで係長に昇格しました。その理由をあなたはもうおわかりでしょう。つまり出世をしたいと願うなら、社長を好きになり、尊敬することです。

今日から、あなたは須田君を見習いましょう。

①社長の考えをよく知る

朝礼で社長が話をするときは、一言一句聞き漏らさないつもりで真剣に聞きましょう。重要なことはメモに取りましょう。社内報に社長の文章が載ったら、何度も繰り返し読んで、よく社長の考えを理解しましょう。次に、社長の考えに同調しましょう。社長と社員では立場が違うので考え方が違うのは当然のことです。あなたは社長の言うことを理解できないことがあるかもしれません。そのときはなぜ社長はそう考えるのかを、自分が社長になったつもりで考えてみましょう。そうすれば必ず社長の考えを理解できるようになります。

②社長に近づいていく

社長に煙たがられる課長がいました。研修を受けて、自分が社長を避けているから社長に嫌われることを悟りました。それからは毎朝、出社すると真っすぐ社長室へ行き、「社長、おはようございます。今日もよろしくお願いします」と大きい声で挨拶をしました。こんなこと、入社してから二十年間で、一度もしたことがありませんでした。それを実行したのです。半年間一日も欠かさず続けました。半年後、社長は言いました。「かつては社内で一番扱いにくい男でした。今では社内で一番信頼できる男です」

嫌えば嫌われる。人間関係の基本原則です。毎朝、社長の席へ行って挨拶しましょう。社長が近くを通ったら、「社長、ちょっとお伺いしたいのですが……」と自分から近づいていきましょう。

ただし、さらっと行きましょう。あまりベタベタすると煙たがられます。下手なごますりはしないほうが賢明です。

Section

62 人の欠点を見ないで長所を見つける

若い頃、ある心理実験を受けました。まず友人や知人を思い浮かべ、一人ひとりについてどんなところが嫌いかをその人の名前を入れて書きます。「田中君は、見栄っぱりで格好ばかりつける」「鈴木君は、平気で人の心を傷つける発言をする」「佐藤君は、上にゴマをすり、下に威張る」など、一人につき一つ、十人の嫌いな点を列記します。

次に、相手の名前のところを消しゴムかボールペンで消します。それから十の文章をゆっくり何回も読んで味わいます。

私は愕然としました。その文章はまぎれもなく『私自身』の欠点なのです。自分が嫌っていたのは相手ではなく、相手の中に投影された自分の姿に他ならなかったのです。

そのときのショックは、今でも忘れられません。顔から火が出るほど恥ずかしかったのを鮮明に覚えています。そのとき私はつくづく自分という人間がいやになりました。

同時に家族や友人、知人、会社の上司や同僚の顔が次から次へと浮かんできました。こんないやな奴を見捨てることなく付き合ってくれる周囲の人たちが、本当に有り難く思えました。自分には過ぎた、もったいない人たちばかりだと気付いたのです。

人間関係は〝鏡の原則〟で成り立っています。あの人のここが嫌いという観察は、鏡に映った私自身の姿への嫌悪です。そしてそれは、そのまま〝あの人〟が私に対して抱く悪感情でもあるのです。

故郷を出て新しい町にやってきた若者が、町の入口で日向ぼっこをしている老人に「この町の人たちはいい人でしょうか」と尋ねました。老人は「前に住んでいた土地はどうだったかね」と聞き返しました。若者は「ひどい人間ばかりでした。二度とああいう連中とは付き合いたくない」と言いました。老人は「ここも同じだよ」と答えました。若者は去って行きました。ある日また別の若者がやってきて老人に同じことを聞きました。老人はやはり同じ質問をしました。若者は「いい人たちばかりでした。別れるのが辛かったですよ」と言いました。老人はにっこり微笑んで「ここも同じだよ」と答えました。若者も笑顔で「しばらくお世話になります」と頭を下げました。

「己の測る量にて、己も測らるべし」という教えがあります。

相手を好ましく思えば、相手からも好かれます。嫌いだと思えば、相手もこちらを嫌います。頼りにすれば頼られるし、無視すれば無視されます。お互いに相手のことを測る量は同じだよという意味です。

欠点を見ないで長所を見ましょう。相手を認めましょう。相手を好きになりましょう。誰にでも一つや二つ、あなたより優れた点があります。それを見つけて相手を認めましょう。「あなたはこの点で優れている」「偉い」「すばらしい」と口に出して褒めましょう。

Section

63 信頼と尊敬の人間関係

「尊敬する人は？」と聞かれて一人も名前が出てこない人がいます。心の貧しい人です。

直接、教えを乞うことができる人生の師を持つ人は幸福です。そしてもっと幸福な人は、自分が尊敬する人から認められ、高く評価される人です。俗な言い方をすると、好きな人に好かれることです。社員が社長や上司から自分の力を認められて、自分が思っている以上の待遇をしてもらえれば、誰でも舞い上がります。そして自分を認めてくれた人のために役に立とう、尽くそうという気持ちになります。

紀元前五世紀、晋《しん》の国に予譲《よじょう》という男がおり、智伯《ちはく》という主人に仕えていました。智伯は趙襄子《ちょうじょうし》と争い殺されます。予譲は主人の仇を討とうと、趙襄子を付け狙いますが、失敗して捕まります。首を打たれる寸前に予譲が言ったある言葉に趙襄子は心を打たれ、「義人なり」と縄を解いて許してやります。

予譲は仇討ちを諦めず、また趙襄子の命を狙います。二度目も失敗し、捕えられます。趙襄子も今度は許しません。「お前はかつて二人の主人に仕えたことがある。その二人とも智伯に殺された。そのときお前は主人の仇を討つどころか、智伯の部下になった。なぜ今度だけ仇討ちに命をかけるのか」。予譲は答えます。「両家は私を使用人として、とおりいっぺんの扱いをしてくれただけです。しかし、智伯殿は違いました。私を国士として処遇してくれました。だから私も国士として恩に報いるのです」

趙襄子は感心して自分の衣服を与えます。予譲は感謝し、その衣服を三度刺し、「これで亡き智伯殿の知遇に報いられた」と叫び、返す刀でわが身を刺し貫いて息絶えました。

一度目に捕まったときに予譲が趙襄子を感動させた言葉は「士は己を知る者のために死す。いま智伯、われを知れり。われ必ず、ために仇を報いて死せん」でした。

「士は己を知る者のために死す」という有名な格言の元となった話です。この格言は、〝心ある男子は、自分の値打ちを理解してくれる人のためなら、命を捨てることさえ惜しまないものである〟という教えです。

私たちはとかく自分の利害、損得、打算、保身をものさしにして生きていま
す。しかし、それだけでは人生が貧しくなります。そうではない生き方もある
のです。信頼や尊敬という高い次元で結び付く人間関係も存在するのです。

あなたには、予譲にとっての智伯のような人はいますか。どこまでもこの
人について行こうと心から思える、いわば男が男にほれる、そんな人をあな
たは持っていますか。

そういう人を見つけましょう。あなたのすぐ近くに、会社の中に、そういう
人は必ずいます。あなたが尊敬するその人に、あなたの優れた価値を認めて
もらえるような生き方をしましょう。

Section

64 実るほど頭を垂れる稲穂たれ

谷本君は三十歳で中途入社。頭脳優秀で、仕事ができました。即戦力になりました。社長は喜び、「うちみたいな会社へよく来てくれた」と高く評価しました。

一年で主任に昇格。その頃から、少し態度が変わりました。社歴の古い先輩や同僚を軽んじるそぶりが出てきました。物知りで弁も立つので、周りが一目も二目も置いたせいもあるのでしょう。ミーティングや会議で「皆さんはご存じかどうかわかりませんが……」と人が知らないことを得々と話し、理解できない人には、〝こんなことも知らないの〟と言わんばかりの小馬鹿にした視線を浴びせます。

有名大学の出身で、母校の自慢をよくしました。転職前に在籍した一流企業の仕事のやり方を引き合いにして、今の会社の古いやり方を非難しました。過去の自分の実績もよくひけらかしました。話の中に難しい横文字が多いのも、癖の一つでした。若い社員の中には谷本主任に憧れを持つ人もいますが、古い社員や女性社員は皆、嫌っています。横柄な態度が鼻につくのです。谷本主任は、それに気付いていません。

当初はその有能さを買っていた上司の課長も、最近は谷本主任をうとましく感じています。自分に対する谷本主任の態度がなれなれしいからです。かつては「はい、はい」と相槌《あいづち》を打っていたのですが、最近は「うん」とか「ほう」とかの間の手が微妙に変化しています。報告の途中で「何だっけ、あれ、あの、思い出せないな」と対等か目下の人と話すような独り言を口にするのも、課長には不愉快でした。

あるとき、課長が仕事の指示をすると、谷本主任が「納得できないんですが。課長がそうおっしゃる根拠は何ですか」と異議を唱えました。その瞬間、課長は大きい声で「思い上がるな！」と怒鳴りました。谷本主任は青くなってうなだれました。

自分は人とは違う、私は他人より優秀だというううぬぼれは、多かれ少なかれ誰の心にも潜んでいます。そういう自信がないと、いい仕事ができないのも事実です。ただ、谷本主任はそれが強すぎました。ずっと優等生の人生を歩いてきただけに、人がばかに見えて、仕方がなかったのでしょう。その反動で何でも「私が、私が」という自己顕示欲が膨らみ、いつの間にかイソップのカエルのように尊大になってしまったのです。

真に優秀な人に対しては、他人は自然に頭を下げるものです。そこで肩をそびやかすと、人は本能的に嫌悪感を抱きます。能力は認めても、人間性を軽蔑するのです。

「実るほど頭を垂れる稲穂かな」といいます。小人物ほど尊大に振る舞い、優れた人物になればなるほど謙虚になるという意味です。上司、お客様、年長者に対してはていねいな言葉遣いで話しましょう。自己宣伝はやめましょう。偉そうな態度は慎みましょう。威張っても得るものはありません。威張って得られるのは人の反感だけです。

Section 65 君子はセクハラに近寄らず

ある職場。上司が女子社員の桜井さんとすれ違いざま、「お疲れさん」と声をかけ、腰のあたりをポンと叩きました。桜井さんは「いやねえ、課長ったら」と笑って、身をよじりました。別の日、同僚の男子社員の本田君が「お疲れさま」と声をかけ、桜井さんの肩を軽く叩きました。桜井さんはさっと顔色を変えて「何するんですか。それってセクハラですよ」と、本田君をなじりました。本田君は平謝り。後で同僚に愚痴をこぼしました。「課長のときは笑ってるのに、オレのときはセクハラだって？　裁判でも何でもやりゃいいんだよ」

本田君の気持ちはわかります。普通に考えれば不公平です。では桜井さんがセクハラ訴訟を起こしたとすれば、どうなるでしょう。間違いなく本田君は負けます。数十万円の罰金が科されるでしょう。会社からも処罰されます。会社もまた、管理責任を問われて、社会的制裁を受けます。かつてアメリカに進出した日本のある自動車メーカーは、セクハラ訴訟で負けて四十八億円の損害賠償をさせられました。おまけにアメリカの女性団体に不買運動を起こされ、大きい打撃を被りました。

〝セクシャル・ハラスメント〟は、一九八九年にアメリカから上陸してきました。一般には「性的いやがらせ」と訳され、広くは「相手方の望まない性的言動すべて」を意味します。日本でセクハラが注目を集め出したのは、男女雇用機会均等法が改正され、企業にセクハラ防止が義務化された頃からです。

セクハラの対象となる行為には以下のものがあります。

・「ホテルに行こう」などと性的な強要をすること。
・不必要な身体的接触をすること。
・強姦、強制わいせつ行為をすること。
・わいせつな写真、絵を掲示したり、配布すること。
・性的な冗談を言ったり、からかうこと。
・食事やデートに執拗に誘うこと。
・性的な噂や経験などを話したり、聞いたりすること。

以上のうち後半の四つなどを見ると、女性を含む酒席では、男はエッチ話ひとつできないことになります。

さらに重要なのは、加害者や周囲の人たちがどう判断しようと、被害者本人がセクハラされたと感じた言動は、それだけで立派なセクハラ行為になるという原則です。

ここにセクハラ問題の難しさがあります。初めの例で課長が桜井さんの腰をポンと叩きました。桜井さんは喜んでいる様子すら見えます。仮に叩いたのがお尻であったとしても、課長の場合はセクハラとはならないでしょう。

ところが本田君の場合は、軽く肩に触れただけでセクハラになるのです。桜井さんが〝セクハラされた〟と感じたら、それはセクハラになるのです。何とも殺伐とした世の中になりましたが、男子はセクハラに近寄らないことです。そして女子社員のみなさん、あまり神経過敏になって、めくじら立てないようにしましょう。エッチ話やお色気話の一つや二つは、人類普遍の娯楽なのですから。おっと、この発言もセクハラになりますか。

Section
66 コミュニケーション能力を磨こう

会話はピンポンです。相手が送ってきた玉を相手が受けられる範囲内に打ち返さなければ会話は途切れます。相手が理解できない言葉を使う人、相手が理解できない話し方をする人、相手が聞いたことに対してピント外れな答えをする人、相手の話をよく聞かないで一方的に自分ばかり話す人、こうした人は皆、人との会話ができない人です。

会話のできない人とはどういう人でしょうか。営業マンなら売れない人です。サービスマンならお客様を怒らせてしまう人です。

仕事というのは、多くの人と関わる中で成り立ちます。独り善がりでは仕事になりません。したがって、相手とのコミュニケーション能力が極めて重要です。コミュニケーション能力とは「自分の考えを的確に伝える力」プラス「相手の考えを正確に受け取って、理解する力」です。

では、そのコミュニケーション能力を高めるためにはどうすればよいでしょう。次の三つを行ってください。

①少なく話し、多く聞く

売れない営業マンに共通する特徴は、話しすぎることです。お客様が聞いてもいないのに、あれもこれも延々と話しています。自分の側の都合ばかりを一方的に並べ立てています。これでは商談どころか、最低限のコミュニケーションも成立しません。

あなたの話す時間と回数を半分にし、相手に話してもらう時間と回数を二倍にしましょう。そうすれば相手の考えや要望がよくつかめます。口は一つしかないのに耳が二つあるのは、話すよりは聞く回数を二倍にしなさいという神様のはからいです。

②会話のテーマから外れない

お客様が「性能はどうなの?」と聞いているのに「これは他社の同機種製品より30%は安いんです」と値段のことを強調する営業マンがいます。これほど極端ではないにせよ、会話が噛み合わない例はたくさんあります。「いつ納品できるの？」という質問に「はい、明日の午後には発送します」と答える。お客様が知りたいのは発送日時ではなくて、商品の到着日時です。「明後日の午前中には納品できます」が正しい返事です。お客様が何を望んでいるかを細心の注意を払って見極める必要があります。

③誰でもわかる言葉で話す

家電販売やコンピュータ関連の仕事をしている人と話をすると、宇宙人と会話しているような気持ちになります。専門用語、業界用語、英語、カタカナ言葉のオンパレードです。その人たちには当たり前の言葉でも、お客様にはちんぷんかんぷんです。専門用語やカタカナ語を多用する営業マンに対してお客様は自分が「どうだ、あなたには難しくてわからないだろう」とばかにされているような気になります。人が知らない言葉を得意気に使うのはやめましょう。おじいさん、おばあさんや小学生の子供にもわかる言葉で話しましょう。

Section
67 コミュニケーションの二大原則

研修の中で、研修生に質問しました。「あらゆる人間関係の中でもっともよいコミュニケーションが保たれているのは、誰と誰でしょうか」。独身の男性は「結婚前の恋人同士」と答えました。皆、うなずきました。女性の研修生は「言葉を話す前の赤ちゃんと母親」と答えました。この回答には全員が拍手喝采、人気投票第一位に輝きました。そして残念なことに、会社における関係、たとえば上司と部下、同僚同士のコミュニケーションといった回答はまったく出てきませんでした。それは、どこの会社においても上と下、横と横はコミュニケーションがよくない、あるいはコミュニケーションが難しいという事実を示しています。

会社において良好なコミュニケーションを保つための原則が二つあります。

社長が幹部会議で「繁忙期につき明日から一カ月、始業時間を三十分早める」と通達しました。少数の幹部だけがそれを部下に伝達し、他の幹部は正確に伝えませんでした。

早く出社する社員と従来どおりの時間に出社する社員に分かれました。幹部はこれを放置しました。社内は混乱し、不平不満が渦巻きました。結局、社長の真意は社員には伝わらず、社員は社長に対する不信感を強くし、まじめに仕事をしなくなりました。

言うべきことをすぐに言わない、伝えるべきことを勝手に後回しにする。この行為は集団としての足並みを乱します。知らないうちに事態がどんどん悪化していきます。どこの会社にもあることです。

故に、コミュニケーションの第一原則。「朝社長が言ったことが、昼には全社員に漏れなく伝わり実行されている。昨日あなたが体験したことが、今日の会社の方針や決定に正しく反映されている」

A君とB君が口論をしています。A君は「水曜日までに仕上げてと連絡したはずだ」と言い張り、B君は「いや、木曜日までと聞いた」と反論します。この場合どちらが正しいのでしょう。どちらかがうそを言っていることになります。

口頭によるコミュニケーションは、ともすればこういう行き違いを生みます。伝えるほうはつい口をすべらせて間違ったことを言うことがあります。聞く側もいい加減に受けたり、勝手に思い込む場合もあります。〝言った、聞いてない〟の水かけ論、これを防ぐには、必ずメモを活用することです。

さて、A君とB君の口論はどちらが悪いのでしょうか。コミュニケーション・ミスの責任は、原則として伝える側にあるとしています。よってA君に非があることになります。

故に、コミュニケーションの第二原則。「相手が『聞いていない』と言えば、それはあなたが伝えていないことになる。相手が間違った理解をしていれば、それはあなたがうそを教えたことになる」

あなたはこの二つの原則を守りましょう。

Section

68 心で泣いて、顔で笑え

ある大企業の社長の話です。

来客の訪問を受けました。お客様は応接室で待ちました。約束の時刻を二分過ぎても、社長は現われません。お客様は不審に思いました。その社長は時間に厳しいことで有名で、「ミスター・パンクチュアル」（時間厳守の達人）というあだ名を持つ人でした。

遅れてきた社長は「お待たせしました。誠に申し訳ありません」と時間に几帳面な人らしく、丁重に詫びました。遅れた時間は三分でした。話が打ち解けた頃、社長は遅れた理由を話しました。それによると、来客に会う直前、幹部を叱り飛ばしたそうです。感情が高ぶり、きつい形相になっているのが、自分でもはっきりわかりました。このまま来客に会うのは礼儀に欠ける。そこで社長室の鏡に向かって一生懸命に笑顔を作り、三分経ってやっと心が落ち着いたというのです。

怒っているとき、顔はきつくなります。悲しいときは暗い表情になり、嬉しいときや楽しいときは明るい笑顔になります。これは自然の成り行きです。社長は続けます。「嬉しいときに笑う、悲しいときに暗い表情になる。それなら幼稚園の子供だってできます。大人は辛いとき、苦しいときにこそ、にっこりと微笑むことができなくては……」

逆境に陥ったときに大将が暗い顔をすると、その雰囲気は瞬時に全体へ伝染します。みんなの気持ちが沈みます。これでは戦う前から負けです。大将は逆境のときこそ、にっこり笑って泰然自若としていなくてはならないのです。

元亀元年《げんきがんねん》（一五七〇年）、織田信長《おだのぶなが》軍は越前の朝倉氏を討とうと攻め入ります。ところが背後の浅井氏に裏切られ、前後から敵にはさまれる絶体絶命のピンチに襲われます。玉砕覚悟で戦うか、敵に後ろを見せて逃げるか。信長とその部将たちの評議は分かれます。そして議論一決。退却することになります。

ここからがまた大問題です。誰が殿《しんがり》を受け持つのか。負け戦の殿軍ほど困難な任務はありません。襲ってくる敵と戦いながら、つまり、後向きに逃げながら大将と本隊を守らなければならないからです。負け戦の殿軍は全滅を覚悟しなければなりません。
盟友信長の窮地を見かねた徳川家康《とくがわいえやす》が名乗りを上げます。と同時に、「あいや、待たれよ、殿軍は拙者がつかまつります！」という一層大きい声。秀吉です。家康も、信長の部将たちも呆気に取られます。さらに秀吉は協力を申し出る徳川家康に「有り難き幸せ。しかし、そこを曲げてお引き取りくだされ」と言い、にっこりと笑って死地に赴くのです。そのこぼれるような笑顔を見て家康は〝恐るべき男〟と猿顔の小男の存在を強く心に焼きつけます。信長もまた秀吉を高く買います。

辛いとき、苦しいとき、恐怖で心が萎えそうなときに、にっこり微笑んで逆境に立ち向かう。人間がもっとも強い光を発して輝くのは、その一瞬です。

第 8 章

自己啓発

You can get the strangest secret for Success

Section

69 月三冊は本を読もう

白井は株などの投資コンサルタント会社に中途採用された。会社の規模は小さいが歴史のある名門である。

社長は、白井と同時入社のもう一人に「株の勉強はしなくていいから本を読んでください。この中から一カ月三冊読んで月末に感想文を提出してください」と言い、百冊の本のリストを渡した。白井は変な会社だなと思った。

白井は本が苦手だった。学生のときから授業に必要な最小限の本しか読んだことがない体育会系。新卒で大手商品取引の会社に就職。社員教育は、業務の知識教育以外は、大きい声を出したり、走ったり、体操をしたり、体を鍛えたりするメニューばかりだった。本を読まされることなどなかったので楽だった。それが今度の会社は「本を読め」だ。

渡されたリストには仕事と関係ない小説や人生論、歴史書、ビジネス書が並んでいる。こんな本を読むより株の本を読んだほうがタメになるのにと思った。

社長命令なので仕方なく読んだ。一カ月目、新田次郎の『八甲田山死の彷徨』、会田雄次の『アーロン収容所』、夏目漱石の『草枕』の感想文を提出した。薄い本を選んで読んだのだった。同僚は感想文を出さなかった。社長は怒鳴りつけた。同僚は会社を辞めた。

白井は社長が社員に本を読ませることに真剣なのがわかった。腰を入れてやらねばと思った。二カ月目、司馬遼太郎の『燃えよ剣』、曽野綾子の『戒老録』、樋口清之の『梅干と日本刀』を読んだ。読みやすい本を選んだのだった。

マイカーから電車通勤に変えた。本のためである。読めない漢字は電車の中でも携帯電話の辞書で調べた。

三カ月目、司馬遼太郎の『新史太閤記』を読み、初めて感動した。秀吉の考え方や行動の仕方はすばらしいと思った。真似ようと思った。

それからの白井は自ら本をむさぼり読むようになった。月三冊のノルマを忘れ五冊、六冊と読んだ。

一年間で白井が読んだ本は七十冊。社長は会社が株式投資家に向けて流しているラジオの全国放送番組の解説者に白井を抜擢した――。

人は経験から学びます。しかし、人の一生は短い。幅広い豊富な経験は積めないのです。ここに本の存在価値があります。本によって他の人の経験を知ることができます。また、自分と違う考え方、生き方を知ることができます。本によって経験の不足を補うことができます。本から学んで成長することができます。

白井は『新史太閤記』の秀吉に出会って変わりました。本のすばらしさを知っただけではありません。本から吸収した知識と知恵によって、人間に幅と深みがでました。社長はそれを見て「この男なら任せられる」と大役を与えたのでした。

日本で本を読む人は五百万人と聞いたことがあります。子供や老人も含めてですが、全人口一億二千五百万人の4％、二十五人に一人です。最近は小中学校で〝読書の時間〟を設けているところが増えています。読書人口はだんだん増えていくでしょう。

問題は今の若い人です。大学卒業の新入社員に良書や古典の百冊のリストを渡し、読んだ本をチェックさせるとほとんど読んでいません。学生は本を読むのが〝仕事〟なのに司馬遼太郎の歴史小説すら読んでいないのです。

向上心のある人は本を読みます。なぜなら、人は本からしか向上の材料を手に入れることができないからです。

あなたが今までほとんど本を読まなかったのなら、白井を真似て、最低月三冊、まず薄い本、読みやすい本から挑戦しましょう。推理小説だけでなく、識者が薦める古典や良書に幅を広げましょう。半年続けると読むことが苦痛でなくなります。一年続けると読書が楽しくなります。本屋へ行って自分が読みたい本を選ぶ、４％の読者人口の仲間に入りましょう。

Section

70 書類の誤字は一生の恥

ある会社では、お客様に配布するタブロイド版四ページの月刊新聞を発行しています。月初めに印刷所から完成した新聞が届きました。

新聞の一面を読んでいた社長が叫びました。「何だ！　これは」。居合わせた社員は一斉に社長を見ました。「ツツミダさんのツツミの字が間違ってるじゃないか」

見ると「提」の字が手偏の「提」になっているではありませんか。新聞の編集を担当している社員の顔からみるみる血の気が引いていきました。

「何をやっているんだ、君は」「はっ、申し訳ありません」「編集長は校正したのか」「はい、最終チェックをしました」

編集長は外出していました。社長は直ちに新聞の刷り直しを決断し、自ら印刷所に手配をしました。一面のトップに寄稿してくれた人の名前に誤植があることを社長は許せなかったのです。

見開き四ページの新聞、一ページ一万字。計四万字の中のたった一文字のミス。そのミスが運悪く人の名前でした。印刷にかかる諸経費五十万円のお金がドブに捨てられました。発行日から三日遅れて刷り直しの新聞が配送に回りました。そして二万部の紙くずがゴミの山として社内に残されました。

後日、編集長が「あれは十部だけ刷り直して堤田さんに送り、二万部はそのまま使ってもよかったのでは。間違いに気付くのは堤田さんだけだと思います」と言った。社長は答えた。「それは君の言うとおりだろう。だが間違いをそういう形でごまかすという事実は私たちの心にずっと残る。これはお客様の信用をなくすという問題ではない。自分と自分たちの会社を、自分が信用できなくなるということだ。心に残る不信という傷は五十万円では消せないよ」

印刷物や書類に誤字、脱字があるとあなたの信用はいっぺんになくなります。理由は二つあります。

第一に、仕事が雑な人間と見られます。誤字、脱字は時間をかけて注意深く何回も読み返せば必ず発見でき、訂正できるものです。誤字、脱字があるのは、見直しをしていないのです。そこに仕事に対するいい加減さと無責任さが表れています。「校正時間が充分に取れなくて……」と当事者は弁解するかもしれません。こうした弁解は火に油を注ぐようなものです。〝この人はいつもそうやってうっかりミスを繰り返しているのか〟とますます信用を失います。

第二に、読み書きの基礎学力がない頭が悪い人と思われます。「見直してくれたね」と聞くと、「はい、二回見直しました」と答えます。念のためにチェックすると、やはり誤字や数字の間違いがあります。字や言葉を知らないのです。そこに書かれた数字の意味がわからないのです。頭脳レベルが低い人、つまり仕事ができない人なのです。

紙の上に残された文字は容易に訂正ができません。〝証拠〟としての存在価値も立派に持ちます。単なるうっかりミスが、一生の恥として残ることもあります。

作成した書類は必ず誤字、脱字があると思って、それを探すために目を皿にして検《しら》べましょう。文章の校正は集中して一字一字確認しながら行いましょう。怪しいと思ったらすぐ辞書を引きましょう。

Section
71
教育は国語に始まり、国語に終わる

本屋に行けば日本語に関する本が何種類も平積みされています。テレビでも日本語を扱った番組をよく見かけます。日本語が乱れているといわれて久しく、そのことに危機感を抱いている人が少なくないためでしょう。ところでテレビのクイズ番組の四文字熟語の穴埋め問題を解いてみたりする風潮は、国語力低下の歯止めになるのでしょうか。

こうした現象はないよりあったほうがましではありますが、残念ながらこの程度の問題提起では国語力低下という難病は直らないでしょう。昔、役者、俳優、声優それにアナウンサーなどは洗練された日本語を操れることが基本的な条件でした。こうした職業の人は言葉の模範となっていました。しかし、今はお笑い芸人や視聴者など、知識も教養も国語能力もないような人たちがテレビなどのメディアの中心を占めています。かつて有名な芸能人の司会者がテレビの仮装大会で「おめでとうございました」を連呼し、当時は「おかしい」

と言っていた人までが今は黙ってしまい、テレビで毎日、「おめでとうございました」が聞かれるようになりました。日本語の破壊者としてこの芸能人は重罪です。現在、若手のお笑い芸人はそれを師とし、手本としておかしな日本語を広めているのです。

一方、英会話スクールが大繁盛です。大人だけでなく、幼稚園児まで通っています。知人に英会話スクールの講師を経験したことのある外国人がいます。「ここだけの話だが」と断わって、ホンネを話してくれました。「自分の国の言葉を満足に話せない人が英語を習っても、何の役にも立ちません。なぜならその人の頭と心には、他人に語って伝えるに足る知識や考えがないのですから。また、自分の国の歴史や文化をよく知り、それに誇りを持たない人は、どんなに英語が上手に話せても、外国人からは絶対に相手にされません。軽蔑されるだけです」。耳に痛い指摘です。

人の教育は全世界共通です。それは国語に始まって、国語に終わるのです。『国家の品格』という本の著者であり、有名な数学者でもある藤原正彦《ふじわらまさひこ》氏は「小学校では一に国語、二に国語、三四がなくて五に算数。英語などは十以下です。

国語こそが、すべての知的活動の基礎であり、美しい情緒を育てるのです！」と叫んでいます。

国語に強くなれば、英語など話せなくても、全世界の人と互角に対話することができます。古典で知識教養を磨いたかつての日本人は皆、欧米で尊敬されたではないですか。

英会話スクールに行くなとは言いません。しかし、あなたはその前になすべきことがあります。まず、正しい日本語を美しく使いこなす人になることです。そのために、日本の優れた古典や文学作品を読みましょう。すでに古典になっているともいえますが、樋口一葉、夏目漱石、芥川龍之介、谷崎潤一郎、永井荷風などの小説をじっくりと腰を据えて読みましょう。美しい日本語に接することができます。また、知らない言葉、読めない字、使い方のわからない言葉に出会ったら、そのつど辞書で調べましょう。

Section 72

言葉遣いは心遣い

電話営業三十年、ベテラン社員の野口さんは、身だしなみ、立ち居振舞いから普段の言葉遣いまで、すべてに品のよさを感じさせる女性です。お客様と電話で話しているときだけではなく、日常の会話においても美しい日本語を使っています。

野口さんの電話での会話は要領よく、重要なことを漏らさず手短にまとめてあり、相手に余計な時間を取らせないという気配りがあります。しかも相手に対する敬意、感謝の心が感じられます。

電話で話すときの姿勢は背筋がピンと伸びていて、常に笑顔を絶やしません。たとえば迷惑な営業の電話がかかってきてそれを断わるときでさえ、決してつっけんどんな言い方やいやな顔で対応することがないのです。それどころか、「お仕事大変ですね。頑張ってくださいね」といたわりの言葉をかける余裕まであります。たとえ正しい言葉遣いであっても横柄な「感じ」の悪い応対、やたらとへりくだってばかりいて、何が言いたいのかよくわからない場合とは正反対です。

野口さんは言います。「若い頃はマナー教室へ通ったり、敬語の本を買ってきて勉強したこともあります。それなりに役には立ちました。しかし、最も大きな転機になったのは、会社の経営者の方たちと電話だけでつながるこの営業の仕事に就いてからです。顔の見えない電話では、言葉と、その言葉に込めたこちらの気持ちの在り方ですべてが決まってしまいますからね」

日本語は世界でも有数の難解な言語です。相手と自分との関係を表す敬語だけでも尊敬語、謙譲語、丁寧語と使い分けます。たとえば「食べる」の尊敬語は「召し上がる」、謙譲語は「いただく」、丁寧語は「食べます」というように、話す相手や状況に応じて表現が異なります。こうした細かな取り決めがたくさんあります。

つまり、敬語は技術であり、技能であるという側面を持っています。故に敬語を正しく使いこなすためには、まず敬語の基礎知識を勉強し、理解する必要があります。知らない言葉を使いこなすことはできないからです。敬語の本を一冊買ってきて、毎日二十分勉強するとよいでしょう。二カ月も続ければ、基礎はほとんどマスターできるでしょう。

ただし、いくら技能技術を覚えてもテクニックだけでは相手の心に届きません。それはファストフードの若い女性店員がマニュアルで覚えた敬語を使って話しても、お客様の心に通じないのを見ればわかります。

最後のところは〝言葉遣いは心遣い〟なのです。相手のことを尊重する心が伴ってこそ、敬語は美しい命を吹き込まれるのです。

野口さんは電話応対が上手です。言葉遣いも一分のすきもありません。しかし、それらよりもはるかに重要なのは、電話口の一人のお客様を心から大切に思う姿勢なのです。

Section

73 毎朝一分間の笑顔訓練

「病気で入院している患者にとって看護師に求めるものは何か」という調査がかつてありました。あなたなら何を求めますか。的確な専門知識、面倒見のよさ、患者の希望をよく聞いてくれるなど、思い付くことはたくさんあります。しかし、こうした回答をするのは、おそらく長期入院の重い病気をしたことがない人です。病の床にある患者たちが選んだ圧倒的な第一位は、看護師さんの〝笑顔〟だったのです。それはやさしさ、明るさ、思いやりそして明日への希望の象徴なのです。

アメリカの有名な心理学者メーラビアン博士が行った「好意の統計」という実験があります。人は相手のどこを見て第一印象を決定するかという調査です。その結果は一位顔55％、二位声38％、三位言葉(内容)7％というものでした。これは言葉の内容そのものよりも声のほうが、さらに言葉や声よりも顔の表情のほうが、相手に与える印象はより強いことを示しています。

たとえば、あなたが人前で何かを話そうとします。その話の内容は前日徹夜して練り上げた自信満々のものであったとします。しかし、そんなことはおかまいなしです。目の前の相手はあなたが話し出す前に、あなたの顔を見た一瞬のうちに、第一印象を決定してしまうのです。表情の大切さと恐さが、ここに凝縮されています。客室乗務員や接客サービスのプロが徹底して笑顔トレーニングを積むのも、この理由によるのです。

自分が今、どういう顔をしているかを意識することを、「自覚顔」といいます。反対に、自分の顔を意識していないときを、「無自覚顔」といいます。自分の顔を鏡で見る自覚顔の時間は、一日のうちせいぜい五分から十分でしょう。しかし、人に見られている無自覚顔の時間は、その何十倍、何百倍になります。そのときに、人はあなたの印象を決定してしまうのです。

ほら、この本を読んでいるあなた。表情が固い！　笑顔ですよ！

笑顔は生まれつきではありません。心の持ち方だけでもありません。笑顔は顔の筋肉運動です。口唇の両端、頬、こめかみの筋肉に上方に引く力があればいい笑顔ができます。老人を見るとわかると思いますが、筋肉に力がなく口唇や頬やまぶたが下がっています。老人はさわやかな笑顔を作ることができません。顔の筋肉が下がっている人や表情が固い人は、弱っている筋肉を強くするため、指で口唇の両端を引き上げ、手の平で頬をもんで引き上げることから始めましょう。毎朝一分間この筋肉引き上げ運動を行います。三カ月続けるとはっきり効果が表れます。なぜかお客様に好かれるようになり、上司や同僚から「明るくなった」「柔らかくなった」と褒められるようになります。

女性はもちろん、男性も鏡に向かって笑顔の練習をしましょう。朝、昼、夕あるいはトイレに行くつど、鏡に向かってにっこり微笑みましょう。

Section

74
少し損をする道をとれ

若手経営者の集まりがあります。会場へ向かって数名が談笑しながら歩いていたときのことです。道端に転がっている空き缶を見て、Sさんはさっと拾い、会場のゴミ箱まで持って行って捨てました。一緒に歩いていた私と仲間はその行為に唖然として一言もありませんでした。

会合の休憩時間、お茶を飲んで、タバコを吸って雑談し、トイレに行ってと、みんな自分のことをしています。みんなのお茶を黙々と用意するのはSさんです。みんなの茶碗を洗い場で洗って元に戻す、テーブルの汚れを拭き取る、Sさんは手際よく目立たないように行います。会場内の小さいゴミを拾って歩きます。

スタンドプレーではありません。人が見ていようと誰も見ていまいと気付いたことを〝その場で〟〝すぐに〟〝自然に〟行います。やれば誰でもできる些細なことですが、それを無心に行うSさんは偉いと思いました。

Sさんの偉さとは何でしょうか。

誰でも、自分が一番かわいい。誰もが自分中心です。欲望はすべて自分のためです。幸福になりたい、得をしたい、損をしたくない……人は皆、こうした欲望の塊です。露骨な言い方をすると、一銭にもならないことは一切しないのが普通の人です。人のためになること、社会のためになることで、やれば人が喜んでくれることでも、人は自分が得しなければしません。ただで動くのは損という価値観が染み付いています。ボランティアやNPOに参加して人のために尽くす人はいます。私はこうした人々を偉いと思いますが、Sさんのようにさりげなく一銭にもならないことを行う人のほうがずっと偉いと思います。

私などは気付かないことが多いし、気付いても恥ずかしくて行動に移せません。ゴミを拾うなど、やれば自分が気持ちがいいし、周りの人は決して馬鹿になどしないとわかっているのに一歩が踏み出せません。私はSさんに「なぜいつも自然にそういうことができるのか」と聞きました。Sさんは言いました。

「私も以前はあなたと同じように気付いていてもできませんでした。できるようになったのは教育のおかげです。私が師と仰ぐ人は三人いますが、三人とも損得で動かない人です。動くなら損する方の道を取れ、凡事を徹底して行え、一銭にもならないことを真剣に行え、を実践している人です。師の日常の行動を見て感動しました。私もそうありたいと思いました。それでいつの間にか……」

Sさんが若い頃からずっと実践してきたのは〝常に自分が少し損をする〟立場に身を置くことです。

知っている人には先に挨拶をし、頭を下げる。相手に先に席を譲る、道を譲る。些細な好みの違いは相手に合わせる。汚れ役は進んで買って出る。

進んで少し損を取るという大きい徳のゆえに、Sさんは誰からも敬愛されています。Sさんとは株式会社ヘイコーパックの鈴木健夫《すずきたけお》社長のことです。

一銭の得にもならないこと、少し損することが目の前にあります。それに気付いたらすぐ行う人になりましょう。

Section
75
あなたには〝恐い人〟がいますか

恐いものといえば昔から「地震、雷、火事、親父」です。あなたには信じられないかもしれませんが、地震、雷、火事と並んで「親父」は恐い存在でした。うそをついたり、人に迷惑をかけたりすると、すごい形相で叱り飛ばされたものです。時にはゲンコツの一つももらったものです。日本が経済的に豊かになった昭和四十年を過ぎる頃から、恐い親父は次第に少なくなっていきました。代わりに、自分の子供と友だちのように接する父親が増えました。

恐いものがなくなると、子供はわがままになります。平気で周りの人を傷つける言動を取るようになります。今の日本はそうした若者で満ちています。親父の恐さは、子供に道を踏み誤らせないための安全装置でした。

従業員二千人、直営店七十余店を持つ五十代半ばの社長。二代目ですが、創業者の父親（現会長）と比肩する経営手腕で会社を業界トップ企業へと成長させてきました。社会的名声と実力があります。しかし、こちらが恐縮するほど謙虚な人柄です。

「会長は恐いですよ」と社長は言います。業績が下がると途端に会長は機嫌が悪くなります。出社はまれなので、電話報告をします。冷たい声で「話すことはない」とガチャリ。事情説明を試みると「言い訳は聞かない」でガチャリ。別件で電話をしても「話したくない」とガチャリ。業績がいいと「最近、電話が少ないねえ。もっと電話してきなさいよ」と様変わり。「本当に恐いんです」と社長は真顔で言います。

社長の下に大幹部、中堅幹部が数十名います。全国の店舗と従業員を把握しています。社長は幹部の日報をくまなく読み、赤ペンで自分の意見、評価、指示を書き込みます。「よくそんな時間があると感心します」とある大幹部。社長はお客様の動向や変化が恐いのです。それを指摘し、報告してくる幹部も恐いのです。

店回りも欠かしません。自分の目で現場を見て、自分の耳で現場の社員の声を聞きます。現場の声は恐いお客様の声そのものです。社長は「私の周りは恐い人だらけです」と笑います。社長にとっては、会長も、部下の幹部も、現場の社員も、お客様も、すべて恐い人なのです。

恐い人、それはわが身を諫《いさ》めてくれる人です。社長は誰よりもそのことをよく知っているのです。

社長とは、「焼き立てパンのおいしさ」にこだわる株式会社ポンパドウルの三藤達男《みとうたつお》氏です。ポンパドウルの大幹部、中堅幹部は全員、私どもの研修を受けています。それもまず三藤社長自身が真っ先に参加して、パンと同じように「うまいか、うまくないか」を試食したのでした。試食の結果、「よし!」となって全員参加が決まったのです。社長が体験済みなので幹部は皆、喜んで参加して真剣に取り組みました。その幹部の一人がこう言っています。「会長はわれわれにはやさしいですよ。三藤社長は鬼です。日報の赤ペンのコメント。グサッときます。ちょっと気を抜くとそこを鋭く突いてきます。見逃さない、妥協しない、容赦しない。本当に恐いです」

あなたには恐い人がいますか。いれば幸いです。その人こそ、あなたの人生の師です。

Section

76
恵まれボケを克服せよ

私たちは心の中に、大きい虫を飼っています。その名を不満虫といいます。もっとお金があれば、もっと暇があれば、もっと嫁さんが賢ければ、もっと上に理解があれば、もっと会社が儲かっていれば、もっと才能があれば、もっと運がよければ……。

不満虫はとどまることを知らず、大きく膨れ上がります。やがて〝ああ、私ほど不幸な人はいない〟と、毎日、溜息をつくようになります。

薄幸の少女がいました。四歳のとき、突発性脱疽にかかり、両手両足を切断しました。五歳で父が死にました。生きるために母と二人、見世物小屋に身を投じます。「だるま娘」とむごいあだ名で呼ばれました。口に筆をくわえて字を書きました。口の中で針に糸を通す芸当も身に付けました。人気者にはなったが、心は氷のように冷たい少女でした。〝なぜ自分だけが、こんな辛い目に遭わなければいけないのか〟親を恨み、運命を呪う暗い人生がずっと続きました。

名を中村久子《なかむらひさこ》さんといいます。

幸福は突如訪れました。二十三歳で結婚しました。子供も授かりました。しかし、人生の春は長く続きませんでした。三年後、夫が死に、再び地獄が始まったのです。

そんなとき、たまたま雑誌である女性を知りました。寝たきりで首しか動かない全身麻痺。それでも写真の笑顔は輝いていました。絶望の境遇ながら、その人は学校の購買部で生き生きと仕事をしていたのです。大きいショックを受けました。

義手義足を付けて会いに行きます。二人の目と目が合った瞬間、もう言葉がありませんでした。お互いの背後に、どんな人生が潜んでいたことか。二人はさめざめと泣きました。

「生きなければ、強くならなければ、この人のように」。一筋の光明が見えました。それは天の声でもあったのです。

中村さんの人生が変わりました。できることは何でもしました。外に出て人に会いました。人と話をし、話を聞きました。不幸な人からの身の上相談が殺到しました。頼まれれば講演もしました。新しい世界がどんどん開けていきました。

晩年、中村さんはこう語ったそうです。「若い頃の恨みや憎しみはきれいになくなりました。私は、両手両足がないこの体に、今は感謝しています。この体でなければ、私みたいな人間は神仏や父母の愛というものを知ることはできなかったでしょう。私をまともな人間にしてくれたのは、実はこの手のない、この足のない体だったのです」

自分は中村さんのようにはなれないと多くの人は思います。恵まれすぎているのです。

私たちは〝恵まれボケ〟を起こしているのではないでしょうか。足りないものをあげつらって、不満虫を育てるのはやめましょう。平凡に感謝しましょう。普通に感謝しましょう。

Section
77
なぜ五分前主義なのか

たとえば仕事でお客様の会社を訪問します。あるいはどこか場所を決めて、人と待ち合わせをします。会議や外部の会合に出席したりします。こんなとき、ビジネスの常識とされるのが、「五分前主義」です。約束した時間の五分前に、約束された場所に着いて待機している状態をいいます。

なぜ三分前でも、十分前でもなく、五分前なのでしょうか。

「五分前主義というのは、もともと海軍の言葉なんです」と教えてくれたのは、かつて、りそな総研へ出向していた鈴木寿義《すずきひさよし》さん。本職は海上自衛隊の三等海佐。昔でいう少佐です。将来の幹部候補として、一年間の民間企業研修を体験中に知り合った人です。

日本で海軍が創設されたのは明治の初期です。初めて海軍を編成したとき、集まった軍艦といえば、かつて諸藩の大名が所有していた帆船、つまり帆掛け船でした。現代の軍艦と違って、電信や電話などの文明の利器は当然、設備されていません。

たとえば艦長が出港用意の指示を出す際、現在なら艦内放送や内線電話で艦内の隅ずみまで瞬時に知らせることができます。当時は艦長付の伝令がメガホンを持って駆け足で艦内を一巡し、艦長の命令を各部署に伝えました。

この所要時間が約五分でした。さらに五分という時間は、物事を準備するのに長くもなく短くもなく、ちょうど手頃な時間であり、重要な作業を開始する場合に、五分前に定位置に付くことが慣習になったのです。

「五分前の精神」の狙いは二つあります。

第一は〝事前の準備をしっかりせよ〟ということ。取り掛かる仕事に向かう心の準備を五分前からします。時間のゆとりが人の心に「よし、やるぞ」という気構えを作ります。

第二は〝時間を厳守せよ〟ということ。海軍は時間にうるさい機関でした。艦はひとたび出港してしまえば、一分、一秒でも遅刻したならどんなに水泳の達人でも追いつくことができません。

五分前主義はベストではありません。もし前後にゆとりがあるなら、あなたは訪問や人との待ち合わせには二十分前には着いておくべきです。外から訪問先の会社の様子を伺う。人の出入りを観察する。会社の周りを少し歩いてみる。こうして自分の目や耳で直接、訪問先に関する情報を集めるのです。こうした情報は商談に必ず役に立ちます。そして約束時間の五分前にドアを開けるのです。

人との待ち合わせなら、周囲をざっと歩いて、落ち着いて話のできる店や場所の見当を付けておきます。相手が来たら、「あのホテルの一階に静かな喫茶店があります」と情報を提供します。時間のゆとりは心のゆとり。準備やお膳立てにも生かせます。

会議やミーティングは五分前に席に着きましょう。いや、五分前主義は最低限です。あなたは十分前、二十分前主義でいきましょう。

Section

78 背筋を天に向けてピンと伸ばせ

「人を見た目で判断するな」とは、よく耳にする言葉です。見た目がよくなくても、中身がしっかりしている人や能力の高い人はたくさんいるでしょう。見た目で人の本当の値打ちはわかりません。だから見た目は重要でなく、気にする必要はないと言い切れるでしょうか。

売場の店員がヨレヨレの制服を着ている、お客様を待つときや接客のときに背中が丸まっているなど、だらしない身なりや姿勢だったらどうでしょう。大概の人は買い物をする気をなくしてしまいます。また、上司が部下に指示を出すとき、部下の姿勢がだらしない、態度や見た目に節度がないとしたら、上は仕事を任せる気になれないでしょう。

見た目の印象を決定する最大の要素は何でしょうか。俳優、モデル、客室乗務員など一見して美しいと感じる人たちの共通点はどこにありますか。それは姿勢、とりわけピンと伸びた背筋です。背筋がまっすぐ天に向かって伸びている人は美しく、大きく、凛々しく見えます。それだけで人によい印象を与えます。これは男も女も同じです。

姿勢が悪い人は、次のような損をします。

第一に、健康によくありません。悪い姿勢を続けていると、背筋が歪んできます。内臓が圧迫されます。心臓や肺の活力が失われます。胃腸などの消化器系器官が弱くなります。血液の流れが悪くなり、体調を崩しやすくなります。恐ろしい成人病を誘発しやすくなります。当然、仕事にも悪影響を及ぼします。ハードワークに耐えられなくなります。五十歳で老人の体になります。

第二に、背中が丸いと小さく見えます。人が大きく見えたり、逆に小さく見えたりするのは、実際の身長にはあまり関係がありません。背は高いのに小さく見える人は、共通して背中が丸まっています。そして恐ろしいのは、他人はそこに自信、覇気、やる気の有無を感じてしまうのです。

第三に、暗く不幸な人に見えます。日本の伝統芸能である能では、お面を少しうつむきかげんにして悲しみを表現します。背中が丸いと、顔は自然にうつむきかげんになります。暗い感じ、不幸な人のイメージになります。これでは人が寄りついてきません。

イエローハットの創業者であり、「日本を美しくする会」の主催者でもある鍵山秀三郎《かぎやまひでさぶろう》氏を間近に見たことがあります。知人の出版記念パーティーでの講演会のことです。鍵山氏は私のすぐ前の椅子に座り、知人の講演を聞いていました。一時間の間、七十歳過ぎの鍵山氏はピンと背筋を伸ばしたままでした。身じろぎひとつしませんでした。椅子の前半分に腰を置き、ただの一度も背もたれに背中を預けませんでした。これを立腰《りつよう》といいます。背丈の大きい人ではありませんが、その凛とした巨木のような存在感に圧倒され、思わず頭が下がりました。

背筋を天に向かってまっすぐ、ピンと伸ばしましょう。胸を張りましょう。あごをぐいと引きましょう。五本の指にキュッと力を込めましょう。

第 9 章
私生活

You can get the strangest secret for Success

Section

79
会社から優遇される社員になる

兄弟でお菓子を分けるときは平等に分けます。数や大きさが違っていれば「お兄ちゃん、ずるい」と弟が文句を言います。

平等は社会の常識です。平等とは差をつけないことです。「人は皆、平等。いかなる場合も差別反対」が私たちの心に染み付いています。

小学校の先生の中には、「差別は悪」ということで、生徒の評価は一から五までの五段階式なのですが、クラスの全員にオール三を付ける先生までいます。また、成績が劣る人の心を傷つけるような差別をしてはならないと、大半の小中学校ではテストの順位と点数を公表しなくなりました。

私たちも一般の社会人ですから平等意識が染み付いています。しかし、会社へ入ると、この意識が弊害を生みます。

会社は「能力主義」であり、「信賞必罰」です。三人のパート社員を時給八百円で採用したとします。一年後一人は時給九百円に昇給、一人は八百円のまま、一人は使いものにならないので辞めてもらいました。仕事ができる人を優遇し、仕事ができない人を冷遇します。会社はこれが自然に受け入れられる環境です。

仕事の成果を上げている人と上げていない人が同じ給料なら、成果を上げている人がやる気をなくします。会社は無能な人ばかりが残るダメ会社になってしまいます。

できる人とできない人は、はっきり差をつける。賞与の額、昇給の額で差をつけ、地位で差をつける。

平等意識の強い人は「あの人は同期なのに私より十万円も多くもらった」といった不満を持ちます。そして上司を恨んだり、会社を批判したりします。

平等は国民や市民という大枠の中の人間に適用されます。会社のような目的を持った組織には、平等意識は有害です。ここでは公平が適用されます。優劣の差、高低の差が大きくはっきりついている会社ほど優れた会社です。

あなたは同僚と比べて、会社から優遇されているでしょうか。待遇に納得しているか不満を抱いているか。もし不満なら、その会社で優遇される社員になるのが当面のあなたの目標です。

そのためにはどうすればいいでしょう。仕事ができる人になることです。上司から言われたことは素直に実行する。与えられた仕事をよりよく行うために頭を使って考える。その仕事の周辺事項、関連事項にまで気を配る。苦手な仕事、困難な仕事は「私にやらせてください」と自分から手を挙げて挑戦する。

その日に終わらせるべき仕事は翌日まで持ち越さず、その日のうちに仕上げましょう。いくつかの仕事を同時に命じられたときは優先順位を付けましょう。仲間が困っていたなら労を惜しまず協力しましょう。

給料や賞与は生活の糧ですが、収入は人の優劣を示す計りでもあります。年収一千万円の人は一千万円の働きをしている人、それだけ稼ぐ力のある人です。年収二百万円の人はそれだけの実績しか上げていない人です。会社で認められ、より高い収入を得られる社員になりましょう。

Section

80 手紙やハガキは自筆で書く

二十七歳で会社を作り、現在まで三十年間連続黒字を続けている優良企業の社長の話です。

営業マンとしてある会社に勤めていました。成績優秀で収入もよかったのですが、独立して自分でやってみたいという気持ちがありました。しかし、まだ充分な資産はないし、援助してくれるコネやツテもない。もちろん、一サラリーマンですから知名度ゼロだし信用もない。

何もない……私にあるのは意欲と情熱のみ。それで何ができるのか？　何もできない……。

営業は機械の販売でした。扱っている機械と関連する機械で、工場などに設置する大型の集塵機があります。これを売りたいと思いました。メーカーの本社は北陸地方にあります。

何もない男にできること……。青年はメーカーの社長に手紙を書きました。

誰が見ても下手な字。情熱を込めて自分の気持ちを書きました。便箋十枚。
返事はありません。また情熱を込めて便箋五枚——。「会いましょう」という返事が来ました。

「よくもあんな下手な字の手紙を恥ずかしげもなく出したものだと赤面します。でもあの手紙が今の私を作ったのです。メーカーの社長は何の条件も付けずに、私に関東地区の販売代理権をくれました。おかげで会社は設立一年目から黒字を出すことができました」

集塵機の販売とメンテナンスで中堅企業になった会社の社長はこう語り、最後に言いました。

「手紙の威力は想像以上にあります。もちろんどんなに字が下手でも自分で書くことです。私は手紙やハガキには、印刷やワープロを一切、使いません。自分の手にペンを持って書く。これが大事です。それ以来、私は手紙とハガキで何回も幸運をもらいました。面倒がらずに自分で書くこと、これをお勧めします」

近頃は大人も子供も書くという習慣がなくなりつつあります。情報の伝達には何でもかんでも携帯電話かメール通信を使うようになりました。文書にする必要があると、ワープロで打って〝下書き〟を作り、それを清書するという「逆さま」を行っています。手間、暇のかかる書くという手段はほとんど消えてしまいました。

最近は自筆のハガキが珍しくなりました。年賀状は家族の写真やイラストなどが幅を利かしているものが多く、宛名もワープロで味も素っ気もありません。「親子揃って元気です」という近況はわかりますが、肝心な〝心〟が伝わってきません。

子供たちの学校でも国語教育は著しく軽視されてきました。公立小学校の五・六年生の教科のうち、国語の時間が週に三、四時間しかないと聞いています。現在、国を挙げて読み書き能力向上の方向に舵を切り変えて進みはじめています。しかし、その効果が表れるのは十年後、二十年後のことで、今、大人の私たちには間に合いません。

書く習慣を身に付ける最良の方法は、一日一通、手紙やハガキを書くことです。ていねいな自筆の手紙やハガキはあなたの心を伝えます。

さらに手書きの手紙やハガキは、あなたの仕事に大きい実利をもたらします。お客様に喜んでもらえます。お客様があなたのことをしっかり覚えてくれます。例に挙げた社長のように、思いがけない仕事が舞い込んでくることもあります。

毎日一通、お客様、友人、知人、先輩、同僚、親戚などに手紙またはハガキを書く。相手は会ったこともない尊敬する経営者であったり、好きな作家であってもよいのです。感謝の気持ち、近況報告、ご機嫌伺い、詫び状など自筆で書きましょう。

Section

81 始業一時間前に出社せよ

もしあなたが一流のビジネスマンや経営幹部を目指すなら、定刻の一時間前に出社することをお勧めします。

一時間前出社を強制されたら99％の人は不満と反発を感じるでしょう。自分の時間を一時間も犠牲にして、仕事のため、会社のために使うことに納得がいかないと考えるでしょう。これは〝普通〟であって間違いではありません。悪くもありません。しかし、こう考える人はいつまでたっても組織の中の〝普通の人〟でしかありません。この壁を自分の意志で乗り越えて、一時間前出社を習慣化できたあなたは〝普通〟から脱け出して〝優秀な人材〟になる人です。

千葉県の優良企業の株式会社三友鋼機《さんゆうこうき》は他社がまねできない独自の人材教育で有名ですが、社員の出社時間が早いことでも注目されています。会社は八時始業ですが、創業者の佐々木会長は五時には出社しています。幹部は五時三十分から六時の間には出社。一般の社員も全員七時前には出社し、すでに臨戦体制を整えています。強制ではありません。皆、自主的に早朝出社をする企業風土が出来上がっているのです。「よその会社が寝ている間に、うちは仕事をしているのです」と会長は言います。

人間が成長するためには、販売の仕事でも技術系の仕事でも、あるいは製造部門や物流部門でも、仕事の能力が問われる以前に、まず仕事に取り組む姿勢態度が問題にされます。つまり、やる気です。

このやる気が最も直接的に表れるのが出社時間です。普通の社員は一時間も前に出社する必要性を認めないでしょう。だからこそ一時間前に出社してくる社員がいたら注目を浴びるのは間違いありません。先輩・上司はあなたのやる気を認めてくれます。

早く出社するというのは能力の問題ではありません。誰でもその気になれば簡単にできることです。考え方の問題であり、習慣の問題です。定刻が八時の会社であれば、あなたにとっては一時間前の七時が定刻であると考え、実行すればよいのです。それが習慣として定着してしまえば、苦痛は伴わないのです。

一時間前に出社して何をしたらよいか。新入社員で仕事に不慣れなうちは仕事を早く覚えるための時間に使うことです。取扱商品の勉強をしたり、会社のことやわからないことを先輩社員に教えてもらうことです。先輩社員とコミュニケーションを図ることです。中堅社員であれば段取りや仕事の効率を考えて、少しでも高い成果を上げるよう工夫・改善をすることです。それでもまだ時間にゆとりがあるなら、新聞に目を通し、自己啓発のための本を読みましょう。また、言うまでもないでしょうが、机の整理整頓、事務所の床や窓、階段や駐車場、事務所の外回り、そしてトイレの掃除をしましょう。

Section

82 有給休暇の日数など忘れよう

入社四年目の中村君が課長に頭を下げて頼んでいます。ヨーロッパを旅行するのが夢だったこと。ようやくお金が貯まったこと。十一月のこの時期の旅行代金が一番安いときで、会社が忙しいのはわかっているが二十日間のうち土日が三回と祝日が二日あるので欠勤は実質十二日間、これは有給休暇の範囲内だからぜひ許可して欲しいということ。この中村君の願いに課長は笑いながらこう答えました。「時期が悪い。うちが冬場は繁忙期で残業したり休日返上で働いているのは君も知っている。うちが比較的暇な四月か五月にしなさい」。中村君は「四月、五月だと費用が二倍近くになるんです。有給休暇は法律で決まっているんですから、いつ取るかは本人が決めていいんじゃないでしょうか」と反論しました。

課長は笑顔をやめて真顔になってこう答えました。「うん、法律で決まっている。労働基準法という法律だ。年次有給休暇という条項がある。ほらここだ。

六カ月以上継続勤務し、全労働日の八割以上出勤した労働者に対して、その翌年度に最低十日の有給休暇を与え、二年以上は一年につき一日加算され、最高二十日間を最低基準とすると書いてある。君は四年目だから年間十二日間の有給休暇を使う権利がある」

「しかしね、中村君」と課長は中村君を睨《にら》み付けました。

「この法律はもう何十年も前の、労働者の休みが月四日か五日で年間五十日か六十日しかなかった頃にできたものだ。病気で休んでも給料を減らされる。それでは生活が成り立たないからと労働者を保護するためにできた。今はどうだ。うちの会社は土日、祝日が休み、そのうえ正月休み、夏休みもある。年間百二十五日も休みがある。もはや労働者は休みも与えられずに働かされたという時代ではなくなったのだ。だから年次有給休暇の法律自体が時代に合わなくなっている。社員は充分休みを取っているのだから、有給休暇は仕事に支障がないときに取るくらいの配慮があって当然。君がどうしても十一月に二十日間の旅行をするなら、会社も君の処遇を考えなければならなくなる」。課長はこのように中村君を諫《いさ》めました。

有給休暇の取り方に、その人の仕事観が色濃く出ます。許された日数は一日でも残すと損だと、春になると残っている日数を数え上げて一日も残さずに使い切る人がいます。労働基準局の〝指導〟もあるため、会社によっては有給休暇を残さないように「君は何日あるから三月までに何日休暇を取ってください」と積極的に勧めるところもあります。こうした会社の社員はその方針に従ってよろしい。

しかし、日曜祝日や正月と夏休み以外は病気や冠婚葬祭のときに休むくらいで、有給休暇が何日あるかなど考えたこともない社員ばかりの会社も少なくありません。中小企業の大半は「仕事中心」のこうした会社です。こうした会社に勤めているなら、あなたも会社の〝慣習〟に従わなくてはなりません。自分の有給休暇の日数など忘れましょう！

Section
83
アフターファイブこそ、自分を磨く時間

普段、大人しくて社内の雑談にもあまり乗ってこない山瀬君。ところがある日、雑談で競馬の話題が出たときに、「次の桜花賞では4レース負けなしの○○が優勝しそう」と生き生きと話し、皆を驚かせました。彼は口数は少ないのですが、営業成績は良いのです。一般的には競馬や競輪などのギャンブルは良くないと言う人もいます。しかし、お得意先のキーマンがギャンブル好きだった場合に、その経験は相手の懐に飛び込むのに役立ちます。山瀬君はギャンブルという分野の知見を営業に生かせているのでしょう。

つまり、仕事だけではなく、ゲームや旅行、映画など、世の中の色々な事柄に興味を持って知見を高めることは、必ず仕事にも人生にも役に立つのです。そう、半分、いや三分の一でいいのです。アフターファイブを自分を磨くための時間に使いましょう。アフターファイブに何をするか、今日から、次の三つのうちのどれかに挑戦しましょう。

①目標を決めて、達成に向けて勉強する

たとえば、一年以内に情報処理技術者の資格を取る。六カ月で『徳川家康全二十六巻』を読破する。一年間で十回、美術館に行く。三カ月以内に五歳の娘を自転車に乗れるようにする。仕事に直接関連しないものでもいいのです。自分が打ち込める目標を持ちましょう。

②仕事のエキスパートになるための勉強をする

一流企業のエリートビジネスマンと、中小企業の社員の大きい違いの一つは向上心の有無です。上から言われなくても、自分を成長させる勉強を自主的に行うのがエリート。上から助言されても聞き流して勉強しないのが中小企業の社員です。今、自分が担当している仕事の技能技術、専門知識を高める勉強をしましょう。あるいは今の仕事とはまったく関係ない分野の勉強をして人間の幅を作りましょう。

③終業後に仕事をする

会社の時間と自分の時間を区切るのがアフターファイブです。この区切りをなくすとどうなるでしょう。仕事をするのです。俗にいうサービス残業です。仕事の能力を伸ばすには仕事をすることです。アフターファイブに仕事をする人が成長します。

また、夜、上司から「どうだ、一杯」と誘われたら、ありがたく応じましょう。上司と飲みに行くなんて社内にいるときと同じで息が詰まります。だからみんな敬遠します。そこがチャンスです。たいてい上司の自慢話か、聞きたくないお説教です。ぐっと我慢して聞いてごらんなさい。呂律の回らなくなった上司が、思いもよらない体験談や人生のヒントを与えてくれます。こんな機会でなければ手に入らない大きい収穫ではありませんか。

アフターファイブは休息の時間、遊びの時間、そして自分を成長させる自己啓発の時間です。

Section

84 男らしく、女らしく

ある小学校では、先生が児童の出欠確認をするのに、男女の別なくすべて「さん」付けで呼んでいます。子供たち同士がお互いを呼び合うときも「さん」で統一するとのこと。また、別のある小学校では高学年の男女の着替えを同じ室内で行わせました。父兄が抗議したのでやめましたが、学校教師には異常な人がいるようです。

男と女を分ける壁が、どんどん失われています。女子中高生が「てめえ」「この野郎」と汚い男言葉を使います。一方、耳にピアスをし、奇抜なヘアスタイルをし、スネ毛を剃り、女性顔負けのお化粧をしてエステに通う男性も珍しくなくなりました。

大人の社会も同様です。最近では喫煙所でタバコを吸ったり、居酒屋で酒を飲む女性が増えてきました。これは男女雇用機会均等法や男女共同企画参画法の影響でしょう。現在は「ジェンダーフリー（性差否定）」という変な言葉がはやり、女性の地位や待遇はどんどん向上しています。男女差をなくすというよりも、男女の地位の逆転を狙うような動きが、どんどん加速されています。

これで本当に世の中はうまく行くのでしょうか。

「男」という漢字は、「田」と「力」との合字でできています。田畑で力仕事をする人の意味を持つ字です。一方、「女」という漢字は、両手を前で組み合わせて、膝を折り曲げた女性の姿をかたどった象形文字です。それはやさしさ、落ち着き、守りの意味を象徴しています。二つの漢字は、うまく本質を突いています。

人類何十万年の歴史の中で、男と女の果たすべき役割はおのずと分かれていました。男は家族を食べさせること、家族の安全を守ることが、第一の役割でした。そのため、男の目は常に外の世界に向けられています。食料となる獲物や穀物を探し、命懸けで戦い取ってきます。他部族や天変地異といった外敵の脅威を未然に防ぎ、家庭を守ります。そのため、肉体は、力仕事や戦闘に適するように頑健に作られています。

女は家庭の平和と安定を守ること、子々孫々に向けて種をつないでいくために子を守り育てていくことが、第一の役割でした。そのため、女の目は常に家の中へ向けられています。家族が安心して暮らせるように食を管理し、温かい環境を整備します。そのため、体も心も柔らかく、ふくよかにできています。

誰がそう決めたか。男でも女でもありません。それは神か宇宙の大いなる意志がもたらしてくれた決まりなのです。お互いが幸せに生きるためには、このように役割を分担し合ったほうが合理的で能率的だという助言なのでしょう。

男女の違いは優劣を示す差別ではありません。お互いが相手に足りないものを補い合うための区別です。競うのではなく、協力し合う存在なのです。

男は男らしく。女は女らしく。

Section

85 仕事ができる人は病気にならない

朝、木村君から上司に電話。「熱が三十八度あって、フラフラするんです」。上司が「どうした」と尋ねると、「昨夜、遅くまで残業していたら、寒気がしまして……。病院に寄ってから出社したいのですが」。上司はそっけなく「わかった」と言って、電話を切りました。

木村君は上司も同僚も仕事ができると認めています。夜遅くまで働くし、率先して休日出勤して仕事をしています。しかし、虚弱体質でしょっちゅう頭が痛い、めまいがする、ぎっくり腰になったと体の不調を訴えています。

上司がそっけなく電話を切ったのは、一週間前の木村君と後輩の会話を聞いたからです。木村君は後輩に「胃の具合が悪い」と愚痴を言っていました。「先輩は忙しくて大変ですね」という後輩のいたわりに、木村君は「僕はやる仕事が多いから。君はいいねえ、楽そうで」と答えたのです。この会話を聞いて上司は、木村君に対する評価を一変させました。〝仕事をよくやる男〟から〝病気を自慢する男〟に変わったのです。

木村君の心の中には、自分はいつも一生懸命に仕事をしていて大変なんだ、たくさん仕事を任されてきついんだというぬぼれがあります。しかし、それをそのまま口にすると大人げないので、仕事が多いため体の具合が悪くなっているという図式で自己ピーアールをしているのです。見え透いたスタンドプレーです。

同僚や後輩が「大丈夫ですか」といたわりの言葉をかけると、木村君は仕事の大変さや体の不具合状況を微に入り細を穿つように説明します。しかし、周りの人は誰も本気でその話を聞いてはいません。「大丈夫ですか」は一種のリップサービスです。「木村さんは確かに大変だ、頑張っている」と認める人など一人もいません。木村君は周囲の人にこんなふうに思われていると気が付きません。

仕事ができる人は自己管理のできる人であり、仕事の忙しさなどで体調を崩すことなどありません。病気にならない、精神的にも肉体的にも強い人です。気持ちで負けないのです。また、万が一、自分の体調が思わしくないときでも、「疲れた」「だるい」などと口に出して人に言うことはありません。なぜならそれは自分に対する〝負け信号〟を周りに出すことになるからです。自分に負け、弱さを見せ、「もうできません」と言っているようなものです。

プロスポーツ選手をごらんなさい。あそこが痛い、ここが悪いと言う人は、試合に出してもらえません。つまり仕事を取り上げられるのです。収入がゼロになります。だから少々具合が悪くても、何でもない顔をしています。足を捻挫していても、ひそかに痛み止めの注射をして試合に出てきます。それがプロというものです。

木村君、あなたは弱虫、泣き虫、いくじなしです。上司は病気を売りものにする奴と思っているだけではありません。今はもうあなたを〝仕事ができない奴〟〝頼りにならない奴〟と見捨てていますよ。

Section

86 朝食で力と〝腹〟を作れ

若い母親が「うちの子に『いただきます』なんて言わせないでください」と小学校に怒鳴り込んだという話を聞きました。教室では児童は先生に向かって「いただきます」と言うことになるが、食事は先生からいただいたものではないから手を合わせて「いただきます」をすることはないと言うのです。何と無知な母親でしょう。

家族や仲間など、皆で食事をする際、「いただきます」と言って手を合わせ食べ始めます。食事の礼儀作法として日常的な光景です。しかし、その意味を知り、本当に気持ちを込めて言っている人はどれほどいるのでしょうか。

私たちが生きていく上で欠かせない食は、いろいろなものの〝生〟を奪っています。動物、魚、野菜、果物……。それらの命を自分が生きるために〝いただく〟のです。作家の永六輔《えいろくすけ》氏はこれを「私の命のために、あなたの命を、いただきます」と言いました。

ところが現代の日本は食べ物が有り余っていて、誰もがいつでも何でもいくらでも食べられる状態です。食べ物に対して感謝の心を持つことができる人は、随分少なくなりました。ましてや、私たちの〝生〟のために犠牲となった命を尊ぶ気持ちのある人は、ほとんどいなくなりました。学校に怒鳴り込んだ母親のことを思うと、情けなくて悲しくなります。

三食の中でもっとも大事なのが朝食です。一日の活動の原動力となるものです。脳へのエネルギー供給の源であるブドウ糖は、眠っている間に消費されています。それを朝食で補給しないと脳の働きは著しく低下し、昼食までの半日をおよそぼーっと過ごしてしまいます。うっかりミスや怪我、事故を起こし、周りに迷惑をかけてしまいます。

最近の新聞に「日本人全員が朝食を摂れば年間百数十億円の経済効果」という記事がありました。それだけ朝食抜きの人が多いということです。

朝食抜きは〝遅寝遅起き〟と関係があります。若い人は学生時代の延長で夜中までインターネットで遊び、ギリギリまで寝ていて会社へすっ飛んで行きます。ゆっくり朝食を摂る時間がないのです。

したがって、若い人に「朝食を摂れ」と言っても無駄。「もう学生ではないのだから早寝早起きの生活に変えなさい」と指導しなければなりません。早寝早起きして、ごはんとみそ汁の朝食を摂りましょう。そうすれば日本の経済に寄与することもできます。


毎日、決まった時間に、栄養のバランスの取れた適度な量の朝食を摂る人。こういう人が生活にケジメがついている人、精神にゆとりがある人、気力体力が充実して脳も活性化している人です。

加えて、自分の〝生〟への糧となるものに慈悲の心や感謝の気持ちを持つことで、そのものの持つ命のエネルギーを自分のパワーにすることができます。〝一粒一滴《いちりゅういってき》皆ご恩〟という気持ちで一箸一箸を口に運べば体内に精気が宿るでしょう。

Section

87 健康な血液にしよう

当社の五十代半ばの講師が脳血栓で倒れました。若い頃から人一倍頑健な人です。タバコは一日六十本、お酒は毎日浴びるほどですが、病気ひとつしたことがありませんでした。前日まで何の前兆もなく、普段どおりに仕事をしていましたが、突然、頭ががんがん痛み出し、病院に担ぎ込まれました。幸い血栓は視覚を司る血管の入口に引っかかっていたため、事なきを得ました。ちょっと場所が悪ければ、重大な後遺障害を抱えるところでした。

成人病や生活習慣病は、若年層をもどんどん蝕んでいます。食生活を始め、あらゆる生活環境が贅沢になったのが、根本的原因です。とりわけ恐ろしいのは、がん、脳卒中、心筋梗塞のいわゆる三大疾病です。これらは即、命に関わります。そしてがんを除く二つに共通する要因が血液です。

血液は体のあらゆる部位に栄養分を運び、体全身を健康に働かせます。そして帰りには老廃物をきれいさっぱり持ち帰ります。その血液の通り道である血管をすべてつなぎ合わせ一本の線にすると、地球二周分以上、約十万キロメートルに及ぶそうです。

血液の状態は、健康に極めて深い関わりがあります。たとえば、のどが渇くのは血液中に水分が不足してくるからです。おなかがすくのは、血液中の糖分が減少するからです。このように血液は体の異常を私たちに訴えてくるのです。

血液を健康に保つために、以下のことを実行しましょう。

①バランスのよい食事を摂りましょう

酸性食物を控えましょう。肉を少なくし、魚を多く摂りましょう。アルコールはビール換算で一日に大ビン一本までにしましょう。野菜、海藻などのアルカリ性食物を多く摂りましょう。高血圧の原因となる塩はくれぐれも控えめに。タバコはやめましょう。

②運動を習慣付けましょう

運動不足は血の巡りを悪くします。血液を酸化させます。水泳、ジョギング、テニスなどで週一回最低一時間は汗を流しましょう。また一日一万歩を目標に歩きましょう。

脳血栓で倒れた講師は事なきを得たのですが、医者は「せっかくだから二、三日入院していきなさい」と勧めました。「何でだろう?」と不信に思いましたが、仕事をキャンセルして時間にゆとりがあったので医者の勧めに従いました。同じ病気の人が寝ている部屋です。半身不随、寝たきり、無表情、盲目……。講師はゾッとしたと言います。「ああはなりたくない、もうちょっとで自分もああなっていた」と思いました。退院のとき、医者は「あなたにそう思って欲しかったので入院してもらいました」と笑って言いました。講師はその日からタバコと酒を一切やめ、健康に留意する生活を送るようになりました。

Section

88 親を大切にせよ

山本君は地方に住む母親に、毎月五万円の仕送りをしています。もう三年間、続けています。父親が三年前に亡くなってから始めました。残された母親の収入源が年金だけでは生活が苦しいだろうという思いやりの表現でした。母親はそのつど、拙い字と素朴な言葉でお礼のハガキを送ってくれました。

母親が亡くなりました。葬儀を済ませ、田舎の兄と遺品を整理していると、山本君名義の預金通帳が出てきました。不審に思ってページを開くと、入金六万円の刻字が何十段と連なっていました。それは山本君が仕送りを始めた時期から続けられていたのです。ぼろぼろと涙が溢れ、開いた通帳の上に落ちました。

親を思う心に勝る親心。いくつになっても親は親、子は子なのです。母親は山本君からの仕送りに手を付けるどころか、さらに生活費を切り詰めてプラス一万円をひねり出し、息子のために月六万円の貯金を続けていたのです。

あなたの両親はご健在ですか。親孝行のまねごとくらいはしていますか。親との関わりを避けていませんか。月一回電話で安否伺いをするくらいで、お茶を濁していませんか。親元を離れて生活しているあなた、両親のことなどすっかり忘れて好き勝手をしていませんか。

働きざかりのビジネスマンにとっては、月日の流れは極めて早いものです。半年、一年なんて、あっという間に過ぎていきます。日々の仕事と格闘していれば、親のことなど気に掛けるゆとりもなくなります。しかし年老いて子供と離れて暮らす親は、一日たりともあなたを忘れたことはないのです。あなたの元気な顔を見ること、あなたと話し、共に時間を過ごすことを、一日千秋の思いで願っているのです。いつか消え行く命のろうそくの残り火を、あなたのことをひたすら思いながら燃やしているのです。

『実践経営指南録』の著者であり、株式会社システムジャパン社長の亀井《かめい》民治《たみはる》氏は、毎週一回、故郷鹿児島に一人で住む老いた母親にハガキを書き続けています。幼い頃に父を亡くした亀井氏と姉たちを、母親は女手ひとつで必死に育ててくれました。母親にハガキを書くときは、幼い頃のさまざまな思いが去来して、胸がいっぱいになると言います。そして母親は亀井氏からのハガキが届く日時には玄関先に出て、郵便局員さんが来るのを待っているそうです。遠く離ればなれになっていても、親と子の心はつながっているのです。

人が一生のうちに何らかの関わりを持つ人間の総数は、五千人から一万人の間といいます。その中でもっとも大恩あるのは両親です。どんなに仕事ができても、頭がよくても、親を大切にしない人をいったい誰が信用するでしょうか。親を大事にしましょう。お金や物をあげなくてもいいから、親が老いて孤独に暮らしているなら親に顔を見せてあげましょう。何でもいいから話をしましょう。そしてすでに亡くなっているなら、親のお墓に感謝の気持ちを込めて手を合わせましょう。

第10章
社会人

You can get the strangest secret for Success

Section

89 形は心を支配する

かつて銀座のクラブやキャバレーが社用族で華やかだった時代がありました。その当時、ナンバーワンホステスだった女性が「靴を見れば男の値打ちはだいたいわかります」と語っています。

この言葉には、二つの意味が含まれています。一つは、いい靴を履いている人は羽振りがよいという意味です。これはよく知られています。もう一つは、靴をきれいに履いている人は心くばりの豊かな紳士であるという意味だそうです。これは〝なるほど〟と感心させられました。

靴は地面に直接、触れるものであり、かつ目から一番遠い所にあります。常に、ほこり、土、雨水にさらされています。すぐに汚れます。目から一番遠いので汚れていても気付きにくいのです。靴をきれいに履く人は、自分の身なりをこまめに振り返る人です。同時に他人が自分をどう見ているかに気を配ることができる人です。つまり紳士です。

上のほうは一分のスキもないけれど、靴だけがどうもという人がいます。かつてのナンバーワンホステスが「こういう殿方は見かけ倒しの軽い人が多い」と言っています。逆に靴をきれいに履く人は、上のほうもきちんとしていて人間的にもできた人が多いと言っています。

「大事なのは中身であって、外見は関係ない」と主張する人がいます。それは「礼儀で大事なのは心であって、形ではない」という考えと同じです。この考えが正しくないのはわかるでしょう。礼儀は心も形も両方、大事です。そして、どちらがより大事かといえば、私はあえて「形」のほうだと言います。心は形に表れますが、心を作るのは大変です。特に若い人に立派な心を求めるのは無理があります。その点、形は誰でも作れます。形をきちんとすれば、心はさらに深くきれいに整ってきます。形を決めれば心が安心します。その意味で形が心を支配します。

服装や身だしなみも同じです。私たちは毎朝スーツや制服で出社します。ネクタイをピシッと締めることで、〝さあ今から戦いの場に行くぞ〟という心の準備ができます。同僚の姿を見て〝この人と共に戦う〟という気持ちを分かち合うのです。作家の城山三郎《しろやまさぶろう》氏は「ネクタイは、共に同じ職場で働く人間同士の協調精神の証です」と言っています。

平成十七年夏、クールビズが流行しました。あちこちにノーネクタイのビジネスマンがいました。今では定着しましたが、その姿に緊張感がなく、どこか間抜けな感じがしたものです。自分でもそう感じるのか、「会社の方針なので」と弁解をする人がたくさんいました。

自宅でくつろぐときはポロシャツにジーンズのラフな服装がいい。そして「いざ出陣！」となったら変身です。服装や身だしなみに気を配りましょう。清潔であること、派手にならないこと、凛々しいことの三つがポイントです。女性社員もこの三点に合格の服装でなくてはいけません。ネグリジェや水着のようなファッションで出社してはなりません。きりっと引き締まった戦闘モードの服装、身だしなみで出社しましょう。

そして、玄関で靴を履くとき、ナンバーワンホステスのあの「靴の話」を思い出しましょう。

Section
90「おはようございます」の三つの意味

凶悪事件の犯人が捕まります。取材記者が近所の住人に「どんな人でしたか？」と聞きます。「はあ、道で会うと必ずきちんと挨拶する人でしたよ。あんなことをする人には思えませんがねえ」と意外そうな口ぶりです。これとは逆に「挨拶ひとつしない人でしたからねえ。暗い感じで何となく付き合いにくい人でした。やっぱりね」と答えるケースもあります。

これは挨拶の威力を示すいい例です。挨拶をする人は感じがよい、すなわちいい人。挨拶しない人は感じが悪い、つまり悪い人の可能性が大きい。たった一つの挨拶のあるなしで、他人の評価はこれほど違います。見知らぬ間柄同士でもこうなのです。これが同じ会社で働く人と人の間ではどうなるかは、容易に想像がつくでしょう。挨拶をしない人は相手から嫌われます。不信感を持たれます。「敵」と見られます。挨拶にはすごい力があります。

あなたは出社したとき、「おはようございます」と挨拶しています。どんな気持ちでしていますか。この挨拶にどんな意味があるか考えたことがありますか。

「おはようございます」の挨拶には、三つの意味が込められています。

①今日も一日よろしくお願いします

②今日も私は元気です

③今日も一日頑張ります

『今日も一日よろしくお願いします』は、協調性の表現です。会社では気が合わない相手とも一緒にいなければなりません。〝いやな奴だから挨拶しない〟では一人前の社会人とはいえません。私たちは大人です。ここで踏み込んで「よろしく」という気持ちを込めて挨拶します。相手に「あなたと一緒にやろうという気持ちでいますよ」という意思を伝えます。明るい大きい声で挨拶すると、自分も言ってみて初めてその気になるのです。

『今日も私は元気です』は、健康のアピールです。どんな仕事も健康でなければしっかり行うことはできません。したがって「おはようございます」という挨拶は「見てください、私は健康です。どんな仕事でもどんと来い！　さあ、何なりと指示してください」という意思表示になります。

『今日も一日頑張ります』は、やる気のアピールです。どんなに仕事能力が高くても、やる気のない人に仕事をさせたいとは思いません。朝、出社したとき、上司や先輩に対して挨拶することによって、「私は意欲満々、やる気充分です」と伝えます。上司や先輩は「そうか、わかった。私も同じだ。では一緒に頑張ろう」と挨拶を返してくれます。

「おはようございます」の一言には、これだけの意味があります。なお、昼過ぎや夕方に「おはようございます」と言っている人がいます。出版社やテレビ局などではこれが当たり前になっています。あなたは「早くもないのに何がおはようだ」と異を唱えますか。今まではそう思ったかもしれませんが、これからは違うでしょう。「おはようございます」の三つの意味がわかれば、何時であっても「おはようございます」でいいのです。いや、出社してこれから仕事に取り掛かる人は「こんにちは」や「こんばんは」ではなく、「おはようございます」でなければならないのです。

Section
91 正しい挨拶の仕方

「私は挨拶をしています」と誰でも言います。確かにしています。問題は、その仕方にあります。

試しに「おはようございます」の挨拶を人がどのようにしているかを観察してみてください。周りに聞こえないくらいの小さい声で言う人がいます。お辞儀をしない人、立ち止まらずに歩きながらする人がいます。相手の顔を見ない。下を向いたり、後ろを向いたまま挨拶しています。だるそうな感じで言う人がいます。「おはよっす」とか「おーす」と言葉を省略して言う人がいます。上にはいんぎんに下には横柄に使い分ける人がいます。こうした挨拶はすべて不合格です。本来ならば、やり直しを命じられるところです。現実の職場ではやり直しなんかさせません。会社はあなたを「挨拶ひとつ満足にできない社員、すなわち仕事ができない社員、会社の信用を落とす不良社員」と烙印を押して見捨てるでしょう。

次の七つを守って、正しい挨拶をしましょう。

①立ち止まって

歩きながらの挨拶は相手の正面に立てないことが多いのです。顔だけ横に向けての挨拶や、ひどい場合は相手にお尻を向けての挨拶になります。相手の正面に立つために立ち止まりましょう。

②相手の顔を見て

下を向いたままや後ろを向いたまま、「おはよう」と言葉だけ言っている人がいます。顔を見合わなければ心は通じません。まっすぐ相手の顔を見ましょう。

③自分から先に

挨拶は下から上にするという考えはもう古い。上司のほうから先にしてもいいのです。部下は「しまった」と思い、次は必ず自分のほうから先にします。誰に対しても自分から先に挨拶しましょう。挨拶は先手必勝です。

④言葉を省略しない

「おはようございます」「いらっしゃいませ」「ありがとうございます」。毎日、何回も言うので慣れてだんだん言葉が短くなり、「おすっ」「らっしゃい」「とやんした」になっています。挨拶は日本語の中でも皆、美しい言葉です。省略しないで語尾まではっきり言いましょう。

⑤言葉を言った後でお辞儀をする

言いながら頭を下げるのは、地面や床に挨拶していることになります。「おはようございます」と言い終わってから頭を下げましょう。

⑥頭を上げて相手の目を見る

お辞儀をしてそのまま座ったり、仕事に取り掛かったりする人がいます。相手の心にすっと冷たい風が流れます。せっかくの挨拶が台無しです。お辞儀をして頭を上げて目を合わせる。これが挨拶の一番大事なところです。締めくくりのアイコンタクトをきちんとしましょう。

⑦笑顔で

当然のことですが、明るい笑顔で挨拶しましょう。

どうでしょうか。あなたにもできると思いませんか？　これをいつでも、誰に対してもできる人になりましょう。正しい挨拶を習慣にしましょう。

Section
92
いかなるときもアイコンタクト

人の話を聞くときは、話す人の目をきちんと見て聞く。これを『アイコンタクト』といいます。幼稚園や小学校で教わる基本的な礼儀です。しかし、このよい習慣が身に付いている大人は、決して多くはありません。

アイコンタクトは欧米の〝握手〟の挨拶と一緒に入ってきました。握手は利き腕の右手でします。お互いに相手を攻撃する気がないことを表します。お互いに笑顔で真正面から目を見合って危険がないことを確認します。

日本の挨拶は〝お辞儀〟です。頭を下げて首の後ろを見せて「私は危険な相手ではありません。その証として首を差し出します。信用できないならどうぞ首をはねてください」という意味です。

欧米の握手の挨拶が入ってくるまでは、日本ではみだりに相手の顔を見るな、じろじろ見るのは失礼なこと、とされていました。下を見たり目をそらした状態で話したり聞いたりするのが正しいと教えられ、誰もがそれを行っていました。今でも高齢の方や田舎の人の中には、相手の顔を見ないで話すのが習わしになっている人を見かけます。

世界のビジネスの交流が深まり、日本のビジネスマンも握手とアイコンタクトの挨拶を身に付け、現在ではアイコンタクトをしないと相手に失礼になるという考え方が定着しました。つまり日本の礼儀の習慣が正反対に変わったのです。

ビジネスの世界ではアイコンタクトをしないと相手に不信感を持たれます。私の話を聞いていないな、別のことを考えているな、自信がない人だな、やる気がなさそうだな、反抗的だな、私のことを無視しているのかな、といったマイナスイメージを持たれてしまいます。特に商談や交渉ごとの大事な局面では、目をそらしたほうが負けです。

石川県の能美《のみ》市にあるプレス機械製造の株式会社根上《ねあがり》工作所の元社長南《みなみ》雅雄《まさお》氏は研修でアイコンタクトの重要性を身に染みて感じました。「私は小さい頃から人一倍の恥ずかしがり屋で、人の目を見て話すのが苦手でした」と語っていました。この性格を変える決心をしました。挨拶の前後や人と会話するとき、常に相手の目を見ることを意識して行いました。毎朝工場の全部署を巡回し、社員一人ひとりの目を見て自分から挨拶しました。

南氏は言います。「七十人の社員の仕事ぶりや心身の健康状態をつかむのは容易ではありません。しかし、社員たちに声をかけた一瞬、相手の目を見ればだいたいのことはわかるようになりました。まさしく目は心の鏡です」

そしてこう話を続けました。「ちょうどその頃から韓国や中国、東南アジアに機械の商談に出ることが多くなりました。私がトップ営業を行って受注を獲得しました。今思えば、ぞっとします。相手の顔を見られない以前の私だったら、全然、契約が獲れなかったでしょう。大量の受注獲得は、しっかり相手の目を見て話ができた結果です」

挨拶をするときや会話をするときだけでなく大勢の中の一人としての話を聞くとき、あるいは上司から注意や叱責を受けるときも、相手の目をきちんと見ましょう。

Section

93 原因自分論

190ページで恐れずに「ノー」と言える社員になりなさいと述べました。実は上司を恐がってはっきり「いいえ」が言えない社員には誠実で仕事熱心な人が多いようです。上司によく思われたいため、つい「はいっ」と返事をしてしまい、後で自分で困っている純情な人です。この社員は「ノー」と言えない欠点よりも余りある長所を有する会社の人材なのです。

会社や上司が本当に手を焼くのは何に対しても「ノー」と言う人です。自分の意思をはっきり表明するのはいいのですが、反会社、反仕事の考えを持っていて「自分は正しくて会社は間違っている」と反対するのですから始末に負えません。

社民党はかつて「日本社会党」と言っていましたが、この社会党は別名「何でも反対党」と言われていました。与党からどんな法案が出ても「ハンターイ！」と叫び、「ダメなものはダメ！」と突っぱねました。しかし社会党は反対するばかりで「ではどうするのか」という現実的な対案を出せない政党でした。結局、国民に見放されて現在は相撲で言う「死に体」の政党になっています。

あなたの会社には、社会党員のような人はいませんか。反対屋は会社の方針や決定にことごとく反対します。会社がすることはすべて悪いことだから新製品の発売も新しい販売方法の導入も反対です。会社が失敗すると「そら見ろ」と勝ち誇ります。そんなに会社が嫌いなら辞めてくれればいいものを、いつしか会社を食いものにする〝ごろつき〟化して居座ります。

こんな極端な反対屋でなくても周囲に不平不満を言いふらし、反会社の仲間を作り、会社の欠点をマスコミに内部告発する社員がいます。会社のおかげで生活ができ、社会的に一人前の人として認知されているのですから恩や感謝が先なのですが、会社を悪く言うばかり。こうした人は社会人としてまともな人間性を持っていない欠陥人間といえるでしょう。

反対屋社員に言います。あなたが望むとおりにならない真の原因はどこにあるのでしょう。たとえば、給料が安い、勤務時間が長い、休日が少ない、上がわかってくれない、とあなたは会社や上司を悪く言います。本当に会社や上司が悪いのでしょうか。そうした場合もあるでしょうが、第三者が調べてみると、社員の不平不満の70％は妥当性が欠けているそうです。本当はあなたの成績が悪い、あなたの仕事の仕方がまずい、あなたが上司とコミュニケーションを取らないから、だからそういう結果になっているのではないでしょうか。

ユニ・チャームの創業者、高原慶一朗《たかはらけいいちろう》氏は「原因自分論」という説を提唱しています。あらゆる出来事は、まず自分自身に原因があるという主張です。人を責める前に、まず自分を改めよという教えです。悪いのはあなたです。

他人を責めるとき、私たちは人さし指を相手に向けて突き出します。そのときの指を見てください。中指と薬指と小指は、あなた自身の方向を差していませんか。他人を責めたくなったら、この三本の指の存在を思い出しましょう。

Section

94 公金に潔癖であれ

ある大手の貴金属店で、社員による商品の窃盗事件が発覚しました。何と七人の社員がグルになって、しかも三年の長きに渡って泥棒行為を続けていたのです。ただし、被害総額は約三百万円と意外に少額でした。額のみみっちさは、あるいは発覚したときに寛大な処置をしてもらいたい性根の卑しさの表れかもしれません。

社長は激怒し、七人を即刻、解雇しました。同業他社にも恥を忍んで情報を開示しました。これでは他社に採用してもらうことも不可能です。こうして七人の男は三十代の働きざかりに、わずか一人当たり五十万円弱の窃盗で人生を棒に振ってしまったのです。

あなたは自分はそんな人間ではないと、胸を張れるでしょうか。

厳しい監視の目がないのをいいことに、交通費や出張旅費を過剰に請求していませんか。ある倒産会社で営業マンの交通費に関して徹底的に社内監査をしたところ、半数以上の人が不正確であったり、意図的に不正を働いていたという調査があります。明らかに私用の物品を会社の経費で落としたり、切手やハガキなど会社の備品を個人的に流用するようなことはありませんか。

金額が小さくてもこれらは公金横領という犯罪です。明るみに出れば処罰されます。そして〝金に汚い男〟という不名誉なレッテルは終生ついて回ります。仮にバレないとしても、会社に対して心苦しいことをしているという良心の呵責に耐えながら勤めなければなりません。

北見市の優良企業、桑原電装《くわばらでんそう》株式会社の桑原博行《くわばらひろゆき》会長は「小なりといえども、会社ではトップの権限は絶大です。何でも思うようにできるし、それを誰も正面から非難はしません。だからこそいつも身ぎれいにしておかねばと自戒しています」と語っています。仕事上の付き合いや接待でよくスナックやクラブを利用します。会長は一軒の店に二本のウィスキーボトルをキープしています。社用や接待に使う会社費用のボトルと、自分のお金で入れたプライベートボトルです。この二本を「今日はこっち」「今日はこれ」と使い分けています。

ある女性社員は「うちの会長は手紙を出すのに会社の切手を一枚使ったとき、ポケットから小銭を出して会社に支払ったんです。たぶん私用の手紙なのでしょうが……」とびっくりしていました。その顔には会長への尊敬の気持ちが表れていました。

桑原会長は言います。「公私混同するな、と先代の父親は毎日、私に言いました。私がちょっとくらいと思っていい加減なことをすると、決して見逃さず私を張り倒しました。先代は私に模範を示し、一切、公私混同をしませんでした。それを見て私は育ちました。いい教育をしてくれたと感謝しています」

公金に潔癖でありましょう。仕事と関わりないお金は自分の財布から出しましょう。

Section

95 本物の個性を伸ばそう

戦後六十年、日本の社会は個人や子供たちにたくさんの誤った教育を施してきました。その中でもきわめて大きな間違いの一つに、「個性を尊重する」教育があります。

自分がそうしたいなら髪を金色にしてもいい。奇抜な服装でもいい。規則やルールが窮屈なら守らなくてもいい。先生や大人の言うことを聞かなくてもいい。いやなら学校へ行かなくてもいい。いやなら就職しないで遊んでいていい。

このように「あなたのしたいようにしなさい」「したくないことはしなくていい」と何もかも「個性尊重」と言って許してきました。

こうした人が会社に入ってきます。入って一週間で会社を辞める人が増えています。営業の仕事は個性に合わないと辞めます。朝八時始業は、夜型の自分の個性に合わないと辞めます。制服は個性を潰すと辞めます。上からうるさく指図されるのは個性に合わないと辞めます。会社を辞めて自宅の部屋に引きこもって音楽を聞いたり、ゲームをしたり、パソコンを叩いたり、好きなことをして暮らします。ニート族になるのです。あなたは会社を辞めはしませんが、こうした人と同じような心理を心の中に持っているのではないでしょうか。

そもそも個性というものは〝自由にのびのび〟とは関係ないものであり、「好きなことをし、嫌いなことはしない」といった自分勝手ともまったく関係のないものです。

知人に二人の自衛隊員がいます。一人は陸上自衛隊を昔でいう中佐にあたる二等陸佐で定年退官した人で、もう一人は現役の海上自衛隊の三等海佐(昔でいう少佐)です。自衛隊というと、どんなイメージを持ちますか。画一的で個性がまったく無視される特殊な世界と思っていませんか。

実際は違います。二人に共通するのは〝自分の命に懸けてこの国とこの国の民を守る〟という気高い精神と、お辞儀の仕方や気を付け・休めの姿勢など日常行動のやり方だけです。あなたは敬礼の姿や、どんな短い距離でも駆け足早足で行動する姿を見て〝個性がない〟と言うかもしれません。しかし、こうした行動は自分と仲間の生命を守るために考え出された合理的な行動です。戦闘集団が勝つため負けないためにこうした行動が必要なのです。

この二つ以外、知人の二人の自衛隊員は趣味も嗜好も、生活の仕方も休日の過ごし方もまるで違います。そして何よりも、二人とも実に個性的で、人生経験豊かで、付き合って楽しい人です。

個性とは外見ではありません。その人の内面が鍛え抜かれて、やがて自然に外に表れてくるものです。秩序に従う誠実な心と努力することを厭《いと》わない精神を持つ人が本物の個性を花咲かせます。個性尊重という魔女の誘惑から逃れましょう。社会の規範に従い、組織の規律を守りましょう。苦手なことや難しい仕事に挑戦しましょう。失敗してもすぐ諦めず続けましょう。

Section

96 国を守った先人祖先に感謝する

「撮影の前に高倉健《たかくらけん》さんが挨拶に見えましてね。そのとき私の手をぐっと握りしめ、ぽろぽろ涙をこぼされまして……」。端然とした背広ネクタイ姿、背筋のピンと伸びた姿勢、凛とした話しぶりは、八十歳を超えた年齢とは思えません。

浜園重義《はまぞのしげよし》さん。高倉健主演の映画『ホタル』のモデルになった人です。

浜園さんは十九歳から二十二歳まで、戦闘機のパイロットとして敵と戦いました。実戦回数七十五回。最後は特攻隊として沖縄戦に参加。途中、敵機グラマンに爆撃を受け、七十八発を被弾した愛機とともに、思い果たせず帰還しました。

戦後は特攻隊の生き残りとして背中に冷たい視線を感じながら、さまざまな職業を体験し生き抜いてきました。しかし、どこにいても何をしても、南の海に散っていった戦友たちのことが頭から離れません。「生き残った私にできることをしなければ」「後世に戦友の心を伝えなければ」の思いが募りました。そして今、戦争や国家、家族や郷土について、ほとんど毎日、講演活動をしておられるのです。

トラック島では撃墜され、生死の境をさまよいます。十日間失明もしました。復帰に向けての視力検査では、こっそりと検査板の数字・方向を全部暗記して合格。「一人でも多くの飛行機乗りが必要なときでした。自分だけ後方で静養しているわけにはいきません」。たとえ戦闘不能の体になっても、国に命を捧げる意志は萎えませんでした。

最後の沖縄出撃の日、兄が母の手作りだんごを届けてくれました。見るとだんごがいびつにくぼんでいます。母の指のあとです。涙が後から後から湧いてきました。「この母を米軍に渡さないためにも、オレが戦って死ぬしかない」と最後の勇猛心をかき立てたと言います。

九十分の講演はあっという間でした。場所は鹿児島県知覧《ちらん》の〝特攻記念館〟に隣接する集会所。私たち聴衆二十数名のうち半数の人が目頭を押さえたり、ハンカチを目に当てていました。「聴いてくれてありがとう」。今も十四のグラマンの銃弾破片を抱える体をすっくと立てて、浜園さんは私たちに頭を下げました。

浜園さんが神様のように見えました。こんな立派な日本人を人生の先達として持てることに、誇りを覚えます。浜園さんの手を握りしめ、ぽろぽろ涙を流した高倉健さんにも、きっと浜園さんが神様に思えたのでしょう。

世界には今も貧困にあえぐ人たちがいます。病気になっても病院も薬もないところに住んでいる人がたくさんいます。戦争や内乱がいまだに世界中で毎日のように起きています。あなたはこうした不幸や悲惨な世界を知りません。何と幸せなことでしょう。

それは、浜園さんたちの世代の日本人、つまりあなたのおじいさんや曾おじいさんたちが命を懸けて戦い、働き、この国を守ってくれたからです。

あなたは偶然、そして幸いにも、平和ないい時代の日本に生まれました。その天の配剤に謙虚に感謝しましょう。同時に今の日本の基礎を築いてくれた先人、祖先の方々に心から感謝しましょう。

Section
97 これが会社の常識だ

私たちは会社に人生を託しています。大事にしている私生活だって、失業していれば快適には過ごせません。会社が健全に成長して、より多くの利益を出してくれなければ、社員はより多くの収入を得ることができません。明るい未来の設計ができません。この単純な事実から目をそらしてはなりません。

せっかく入った会社です。いい仲間がいる会社です。やりがいのある仕事がある会社です。会社はおもしろいところ、仕事は楽しいもの、こう思う人、他人にこう言うことができる社員になりましょう。あなたが優秀な社員になるためにあなたの考え方を次のように改めましょう。

①社員はマラソンレースの長距離ランナー

あなたは目先の損得で動いてはなりません。たとえば失敗して減俸処分を受けることがあります。また、降格や左遷で冷や飯を食わされることもあるでしょう。こうしたときはじっと耐えましょう。そうすれば必ずまた陽が差します。会社を恨んで潔く縁を切るのは、長距離ランナーの資格がありません。苦しいときに踏みとどまるのが長距離ランナーです。

②会社は正義では動かない

どこの会社にも〝朝令暮改〟があります。方針が変わり、命令の内容が変わります。社長がよりよいものを指示し、求めるからです。正義感の強い社員は朝やれと言われたことが夕方クルッと変えられることに不愉快を感じます。会社がうそをついていると思います。うそをついたのではありません。状況が変わり、考えが変わり、右だと言っていたのが左に変わっても何もおかしくはないのです。左のほうがいいと思っているのに前に右と言ったから変えられないと改めないほうが間違っているのです。経営や商売は薄っぺらな正義だけではうまくいきません。よりよい結果を出すために絶えず指示命令の内容を改良していかなくてはならないのです。

③会社はタテマエで動く晴れ舞台

社員が会社へ行くときは身だしなみを整え、普段着ではなく、晴れ着を着ます。お祭りに出かける気分です。

家庭での日常生活をホンネの世界とすれば、会社はタテマエの世界といえます。悪くいえばきれい事で飾った作為的世界です。ここでは社長も社員も「楽をしたい」「遊んでいたい」「苦労するのはいやだ」というホンネを隠して、「目標達成に向けて頑張ろう！」と叫びます。

社員が「こんな仕事したくない」「命令されるのはいやだ」「強制されたくない」とホンネをむき出しにしたなら会社は成り立ちません。祭りに晴れ着で出かけたら、少し緊張したよそ行きの顔で祭りのシキタリに従うものです。

以上の三点を理解しましょう。あなたが「会社はおもしろいところ、仕事は楽しいもの」と自信を持って人に言うことができるようになったなら、そのときこそ「会社の常識」を身に付けた一人前の社員になったといえます。

■著者紹介

染谷《そめや》　和巳《かずみ》　昭和16年生まれ。株式会社アイウィル主宰。著書に、『上司が「鬼」とならねば部下は動かず』（プレジデント社）他。

●執筆協力

畠山《はたけやま》　裕介《ゆうすけ》　昭和26年生まれ。株式会社アイウィル専務取締役。著書に、『文章力がメキメキつく本』（ハギジン出版）他。

■株式会社アイウィルについて

株式会社アイウィルは、家庭教育の再教育、学校教育の再教育を柱とする社員教育によって、会社が求める真の人材を育成する研修会社です。昭和63年設立。35年間に渡り、約4万2000名の鬼上司、鬼社員を育ててまいりました。

【連絡先】　〒112-0003　東京都文京区春日1-11-14　SG春日ビル4階
TEL：03-5800-4511

編集担当：吉成明久　　カバーデザイン：秋田勘助（オフィス・エドモント）

めざせ！仕事のプロ
こんな社員になりなさい！

2008年3月　3日　第１刷発行
2022年3月28日　第16刷発行

著　者　染谷和巳
発行者　池田武人
発行所　株式会社　シーアンドアール研究所
新潟県新潟市北区西名目所4083-6（〒950-3122）
電話　025-259-4293　　FAX　025-258-2801
印刷所　株式会社　ルナテック

ISBN978-4-903111-75-9　C0034